Fernando Pessoa

Mensagem

Introdução, notas e bibliografia de
CARLOS FELIPE MOISÉS

5ª edição

EDIÇÕES
BestBolso
RIO DE JANEIRO – 2021

CIP-Brasil. Catalogação-na-fonte
Sindicato Nacional dos Editores de Livros, RJ.

Pessoa, Fernando, 1888-1935
P567m Mensagem / Fernando Pessoa. – 5ª ed. – Rio de Janeiro: BestBolso,
5ª ed. 2021.

ISBN 978-85-7799-095-5

1. Poesia portuguesa. I. Título.

08-2680 CDD: 869.1
CDU: 821.134.3-1

Mensagem, de autoria de Fernando Pessoa.
Título número 074 das Edições BestBolso.
Quinta edição impressa em março de 2021.

Publicado originalmente em 1934, Lisboa, Portugal.

www.edicoesbestbolso.com.br

Design de capa: Rafael Nobre com foto de George Marks intitulada "Man writing a letter at bureau" (Getty Images).

Impresso no Brasil

ISBN 978-85-7799-095-5

Sumário

Nota explicativa

A presente edição de bolso tem por finalidade servir ao leitor comum, desde o que apenas ouviu falar do grande poeta e pretende iniciar-se nos meandros de sua poesia, até o que já detenha alguma familiaridade com a obra. Por isso, o texto de *Mensagem* teve sua ortografia atualizada, com a anuência, embora um pouco relutante, do próprio Pessoa na época do lançamento de *Mensagem*: "O autor deste livro não aceita como boa a ortografia oficial; com ela, porém, temporariamente se conforma, para conveniência imediata, por igual do tipógrafo e do leitor."

Antes de constituir uma dimensão formadora dos sentidos da obra, a peculiar ortografia utilizada pelo poeta é mais um ornamento extrínseco, vestígio residual do amaneirado simbolista ou decadentista, segundo o qual "sphyngico" ou "mytho", por exemplo, teriam o dom de atribuir aos vocábulos em causa a aura mística ou heráldica supostamente inexistente nos vulgares "mito" e "esfíngico". No caso da ortodoxia decadentista, o que temos é falsa aristocracia, nobreza de fachada, mas não no caso pessoano, em que a grafia inusitada apenas *reforça* a nobreza substancial da obra, que ganhará em discrição, uniformidade e consistência se aliviada da afetação de superfície.

Nenhum sentido intrínseco se perderá ou se deixará comprometer se grafarmos "esfíngico" por "sphyngico", e o leitor não terá sua atenção desviada para o supérfluo. Não se perdem também a qualidade fonética, o ritmo e o encadeamento melódico, que dizem respeito à prosódia, e não à grafia. Ao organizar a sexta edição (1959) do Volume V das *Obras completas de Fernando Pessoa*, David Mourão Ferreira assinalou: "Pela primeira vez se publica uma edição de *Mensagem* especialmente dedicada ao povo e à juventude de Portugal. Para isso, atualizou-se-lhe a ortografia, de modo que não se erguessem, entre a obra e o leitor, supérfluos e irritantes obstáculos."

A presente edição, sem detrimento da integridade da obra, não rende tributo à inércia e ao imobilismo que costumam ditar as normas das edições eruditas. Caso haja especial interesse em conhecer as peculiaridades ortográficas da edição original, o leitor deverá consultar as indicações no fim do volume.

Minha convicção é de que, passados mais de 70 anos de sua primeira publicação, *Mensagem* continua mais atual do que nunca. O intuito desta edição é colaborar para que o curso dessa atualidade se amplie e se diversifique.

C.F.M.*
Julho de 2008

---

*Carlos Felipe Moisés – Escritor, crítico literário e tradutor. Doutor em Literatura Portuguesa pela Universidade de São Paulo.

Introdução à edição de bolso

Carlos Felipe Moisés

Uma nação humilhada

Fernando Pessoa tinha menos de 2 anos de idade quando Portugal sofreu uma das maiores humilhações de sua história, no episódio conhecido como *Ultimatum*, de 11 de janeiro de 1890. Nesta data, a Grã-Bretanha exigiu que os portugueses retirassem imediatamente as tropas que mantinham na região do Xire, na África, caso contrário declararia guerra ao país. Apesar dos protestos populares e da onda de indignação, o governo português não teve alternativa senão obedecer. O episódio coincidiu com os anos de formação do poeta, e suas implicações e seus desdobramentos repercutiram vivamente em sua obra, sobretudo em *Mensagem*.

A belicosa arrogância inglesa foi um recado dirigido não propriamente a Portugal, mas à Itália, à França e à Alemanha, que disputavam com a Inglaterra a hegemonia internacional. O móvel era a ganância imperialista, voltada para as ricas possessões que esses países detinham na África e no Oriente, e nesse cenário político-econômico foi deflagrada a Primeira Guerra Mundial, entre 1914 e 1918. Há uma ironia nessa situação. No passado, a partir da tomada de Ceuta (1415), Portugal erguera um dos maiores impérios do mundo moderno, tornando-se nação poderosa e respeitada em toda a Europa, mas o *Ultimatum* britânico mostrou que o país se reduzira a carta fora do baralho no jogo de dominação em que as nações européias se empenhavam.

Uma das conseqüências imediatas da humilhação foi o acirramento das lutas antimonárquicas, comprovando a falência política, econômica e militar do velho regime – embora para Fernando Pessoa a falência maior fosse de ordem moral. A monarquia começou a ser derrubada no dia 1° de fevereiro de 1908, quando um fanático republicano se aproximou da carruagem real, que retornava de Vila Viçosa a Lisboa, e fuzilou à queima-roupa dois dos seus ocupantes, o rei D. Carlos e o príncipe herdeiro Luís Filipe. A comoção foi geral e os ânimos se exaltaram. Durante dois anos o país viveu em clima de desordem, até que no dia 5 de outubro de 1910 foi proclamada a República. Mas o novo regime enfrentou, no parlamento e nas ruas, uma cerrada oposição monarquista.

Vários governos provisórios se sucederam, quase sempre chegando ao poder pela força e sendo daí alijados também pela força. No dia 14 de dezembro de 1918, um fanático monarquista vingou a morte do rei D. Carlos assassinando o então presidente da República, Sidônio Pais. A comoção foi quase tão intensa quanto a do regicídio de 1908 (dois anos depois, Pessoa escreverá um longo poema de teor místico e sebastianista, semelhante aos que integram *Mensagem*, intitulado "À memória do presidente-rei Sidônio Pais").

A crise durou até 28 de maio de 1926, quando a revolução liderada pelo general Gomes da Costa deu início ao que se chamou República Unitária e Corporativa, que começou por substituir a Constituição liberal-democrática por outra, de inspiração totalitarista. Em 1932, Antônio de Oliveira Salazar, ministro das Finanças desde 1928, assumiu o cargo de "presidente do ministério", deu forma claramente ditatorial ao regime (Estado Novo) e concentrou em suas mãos todo o poder. O país viveu, a partir daí, um longo período de ordem e estabilidade, graças à exploração sistemática das colônias africanas, à supressão das liberdades individuais e à extinção dos partidos e agremiações que ameaçassem contestar o regime. Mas desse longo período o poeta só conheceu o momento inicial, pois morreu em 1935, aos 47 anos.

O *Ultimatum* britânico evidencia a desoladora decadência de uma nação outrora soberana e poderosa, propiciando o ressurgimento de uma antiga crença, de grande vigor no século XVII: o sebastianismo. Pessoa empenhou-se a fundo na investigação do mito, e isso se reflete em sua obra, sobretudo em *Mensagem*. A crença remonta a 1578, quando o jovem rei D. Sebastião, que subira ao trono em 1568, aos 14 anos, decidiu atacar o exército mouro de Abd al-Malik, no norte da África. O resultado, a batalha de Alcácer-Quibir, foi desastroso: milhares de portugueses morreram em combate ou foram aprisionados, D. Sebastião desapareceu e seu corpo nunca foi encontrado. Em 1580, aproveitando-se do marasmo que se abatera sobre o país vizinho, Felipe II, da Espanha, decidiu dominar Portugal, que passou então a ser mera colônia espanhola, situação que perduraria até 1640.

Em seguida à morte do rei, começaram a circular insistentemente, em Lisboa, atribuídas a um sapateiro de nome Gonçalo Eanes Bandarra, umas quadras de sentido obscuro, repletas de presságios e alusões misteriosas, que o povo interpretou como um "aviso" e uma "profecia": D. Sebastião não estava morto, apenas escondido. A fé dos portugueses estaria sendo posta à prova: se demonstrassem fé suficiente, teriam de volta D. Sebastião, e Portugal recuperaria o esplendor momentaneamente perdido. O que poderia ter sido superstição de momento foi-se avolumando e crescendo, a ponto de se tornar um mito nacional. Logo de início, a esperança mística na volta triunfal de D. Sebastião, que passa a ser cognominado o Desejado ou o Encoberto (assim se intitula a terceira parte de *Mensagem*), deixa de ser simples crendice popular e ganha a adesão de muitos representantes da elite, como o padre Antônio Vieira, e a crença na sua volta assume feições messiânicas: a figura do jovem rei, morto em combate, é associada à do Messias, o Salvador, e vinculada às profecias bíblicas de Daniel, que falam do Quinto Império, o império definitivo de Cristo na Terra.

Com o fim do domínio espanhol e com o desenvolvimento científico e industrial da segunda metade do século XVIII (as amplas reformas empreendidas pelo marquês de Pombal, graças ao ouro levado das Minas Gerais), o sebastianismo entrou em declínio, mas ressurgiria no início do século XIX, em meio à crise decorrente das invasões napoleônicas e da fuga da família real para o Brasil. Superada a crise, os sebastianistas voltaram a se recolher, mas o *Ultimatum* de 1890 propiciou uma nova onda de misticismo sebastianista, agora com nuances de doutrina esotérica, acompanhada de profunda nostalgia. Muitos portugueses, deprimidos diante da situação de Portugal, refugiam-se no passado, com o intuito de reviver, por exemplo, as glórias exaltadas por Camões em *Os Lusíadas*. O objetivo era contrabalançar o pessimismo pela arregimentação do espírito cívico em torno da tarefa de reconstruir Portugal, à imagem e semelhança do grande império erguido na época dos descobrimentos.

Tal espírito encontrou seu porta-voz no poeta e pensador Teixeira de Pascoais (1877-1952), autor de uma filosofia genuinamente portuguesa, baseada na metafísica da saudade, amplamente divulgada por meio de panfletos, conferências, artigos a livros. Esse pensamento logo assumiu a forma de movimento literário e social, designado por "Renascença Portuguesa", e que teve como órgão oficial a revista *A Águia*, criada em 1910. Foi num dos seus primeiros números que Pessoa estreou como crítico. Entre abril e novembro de 1912, aos 24 anos, ele publicou dois artigos sobre "a nova poesia portuguesa", em que defendeu a tese de que a decadência das instituições nacionais constituía forte indício de que estava por surgir um poeta de grande envergadura, um "supra-Camões". Esse poeta máximo, diz o jovem Pessoa, seria o criador de uma obra grandiosa, capaz de amalgamar a excelência da alma portuguesa, então dispersa e estagnada, dando início a uma nova era de bem-aventurança. Muitos julgaram que a profecia se referisse à figura carismática de Pascoais; já outros entenderam que o jovem escritor imodestamente anunciava a sua própria e iminente aparição como poeta.

Pessoa se afastou da revista *A Águia* logo depois, ligando-se a escritores e artistas plásticos de sua geração (Sá-Carneiro, Almada Negreiros, Luís de Montalvor e outros), e com eles revolucionou a cultura portuguesa, com o lançamento da revista *Orpheu*, em 1915. Só então Portugal ingressou no século XX, entrando em sintonia com o expressionismo, o futurismo, o cubismo, o surrealismo e outras correntes de vanguarda. Nessa altura, Pessoa já havia criado seus principais heterônimos: Alberto Caeiro, poeta simples e bucólico; Ricardo Reis, poeta clássico, defensor do paganismo; e Álvaro de Campos, poeta rebelde, angustiado e cosmopolita, sendo este último o mais irreverente de todos, com seus textos de escândalo, manifestos provocadores e ataques radicais à mentalidade burguesa. Mas a aventura modernista durou pouco. *Orpheu* teve apenas dois números (o terceiro ficou no prelo), o suficiente para mudar os rumos da literatura portuguesa.

A geração que veio logo a seguir – João Gaspar Simões, José Régio, Miguel Torga, Adolfo Casais Monteiro –, além de consolidar as conquistas modernistas, franqueou as páginas de sua revista, *Presença* (que teve longa duração, de 1927 a 1940), a Fernando Pessoa, reconhecendo-o desde o início como seu mestre. Dois dos seus diretores, Casais Monteiro e Gaspar Simões, produziram os primeiros estudos críticos sobre o autor de *Mensagem*, dedicando especial atenção à intrigante questão dos heterônimos. Com eles, Pessoa trocou longa correspondência, tornando-se esta importante documento para a compreensão de sua obra.

Navegar é preciso

Nascido em Lisboa, no dia 13 de junho de 1888, Fernando Antônio Nogueira Pessoa viu-se órfão do pai, Joaquim de Seabra Pessoa, antes de completar 6 anos. Sua mãe, Maria Madalena, casou-se com o comandante João Miguel Rosa, cônsul de Portugal em Durban, África do Sul, colônia britânica, para onde mãe e filho viajaram, em 1896, e onde ele viveu dos 7 aos 17 anos.

Estudos primários no convento de West Street, escola de freiras irlandesas; curso intermediário na Durban High School; um ano de Commercial School, espécie de curso preparatório para o ensino superior – foi essa a formação escolar do poeta, base de sua cultura literária (Milton, Shelley, Keats, Shakespeare, Tennyson, Pope e outros) e sólidos conhecimentos de cultura clássica: latim e grego eram matérias obrigatórias, com o mesmo peso de línguas modernas, história, geografia e ciências. Foi na língua inglesa que escreveu seus primeiros poemas e criou os primeiros esboços de heterônimos: Alexander Search e Robert Anon, sucessores adolescentes de um certo Chevalier de Pas, personagem inventado na infância. Cercar-se de autores imaginários, ou heterônimos, não foi artimanha literária de escritor adulto...

Ainda em Durban, Pessoa tomou contato com a realidade palpável de um grande e poderoso império, o *British Empire*. Na distante colônia africana, o império britânico seria ainda mais britânico, isto é, mais arraigado a suas tradições, que na metrópole. Sob as ordens de seus severos professores e na companhia de seus aplicados colegas, filhos da aristocracia a da alta burguesia inglesas, o poeta assimilou, além das matérias do currículo, o orgulho de pertencer a um domínio "sobre o qual o sol jamais se põe". Mais tarde, ele se dará conta de que na verdade não pertencia a esse domínio. E se dará conta, também, de que a gloriosa imagem de um império "sobre o qual o sol jamais se põe" um dia se aplicara a Portugal, mas "ó Portugal, hoje és nevoeiro" – como ele dirá, em *Mensagem*.

Em 1904, aprovado nos exames de admissão para o curso de Artes da Cape University, Cidade do Cabo, Pessoa desistiu de freqüentá-lo, e no ano seguinte, aos 18, retornou sozinho a Lisboa, onde se dedicou à descoberta de sua cultura e de sua literatura, principalmente a poesia de Cesário Verde, Antônio Nobre, Antero de Quental, Camilo Pessanha e, acima de todos, Camões. Matriculou-se no curso superior de Letras, mas abandonou-o no primeiro semestre, decidindo tornar-se tipógrafo e editor. Com a pequena herança recebida de uma das avós, adquiriu o equipamento necessário e fundou uma tipografia, que teve até nome, "Empreza Ibis, Typographica e Editora, Officinas a Vapor", mas não foi adiante. Foi o início de uma vida rica de projetos, cada vez mais voltados para a literatura e menos para a vida prática, mas nunca inteiramente realizados. Ele ainda repetiria a tentativa de se estabelecer como editor e, em outra oportunidade, como astrólogo profissional. Data dessa época a sensação que o acompanharia pelo resto da vida, e que Álvaro de Campos registraria num verso definitivo: "estrangeiro aqui, como em toda a parte." Em 1908, passou a exercer a atividade que o sustentaria modestamente até o fim, a de "correspondente estrangeiro", funcionário avulso, encarregado da correspondência comercial, em francês e inglês, de firmas estabelecidas em Lisboa. Pessoa se dedicou escrupulosamente a essas funções, todas as manhãs, até o fim da vida, reservando as tardes e as noites para escrever.

Logo após a estréia na revista *A Águia*, Pessoa experimentou o que considerou "o dia triunfal" de sua vida: 8 de março de 1914, data em que afirma ter concebido, sem premeditar, o heterônimo Alberto Caeiro, escrevendo em poucas horas cerca de trinta dos poemas que formam a série "O guardador de rebanhos".* Além destes, compôs vários poemas em seu próprio nome e, nos dias subseqüentes, criou Álvaro de Campos e Ricardo Reis. Pouco depois, estreou como autor, mas em língua inglesa, publicando, em 1918, *Antinous*, poema narrativo, sobre o amor homossexual, e *35 Sonnets*, sonetos de recorte shakespeariano. Em seguida, reeditou-os em três volumes, sob o título geral *English poems* (1921), acrescentando mais duas coletâneas: *Inscriptions*, inscrições tumulares, à moda da poesia grega antiga, e *Epithalarnium*, poema sobre o amor heterossexual. Data dessa fase o primeiro e breve período de namoro com Ofélia de Queirós, uma relação que começou por carta, desenrolou-se também por carta e por carta foi encerrada, embora os dois se avistassem quase todos os dias: Ofélia era

*Carta a Adolfo Casais Monteiro, in *Páginas de doutrina estética*. Lisboa: Inquérito, 1946, pp. 263-265.

datilógrafa em um dos escritórios onde o poeta prestava serviços de "correspondente". Na mesma base epistolar, o namoro será retomado em 1929 e rompido de vez em 1931.

Alguns anos antes, arrefecido o entusiasmo pelas aparições públicas, como as das polêmicas e dos escândalos do tempo de *Orpheu*, o poeta se recolhera em sua atividade criadora, dedicando-se quase exclusivamente a escrever. Nessa época, ele escreveu: "Passou de mim a ambição grosseira de querer brilhar por brilhar, e essa outra, grosseiríssima, e de um plebeísmo artístico insuportável, de querer *épater*."* Daí por diante, nada mais aconteceria digno de registro, nessa vida pacata e obscura, desprovida de ambições mundanas, uma vida de que só tomaram conhecimento uns poucos amigos, todos literatos, e alguns familiares. Aos mais próximos, Pessoa foi dando notícia do andamento da obra; envia a jornais e revistas boa quantidade de poemas, ensaios e textos esparsos; elaborou planos e mais planos para a publicação de sua obra em livro, planos que foi sistematicamente alterando e protelando. Em meio a essas idealizações, *Mensagem* veio a ser o seu projeto mais constante, finalmente concluído e publicado, em 1934.

Menos de um ano depois, ele é internado no Hospital de São Luís dos Franceses, em Lisboa, com uma crise aguda de cirrose, possivelmente provocada por excesso de bebida alcoólica. Em 29 de novembro de 1935, um dia antes de morrer, já impossibilitado de falar, anotou num pedaço de papel, com grande esforço: "I know not what tomorrow will bring." Escrita em inglês, um inglês erudito, literário, e nas circunstâncias em que foi escrita, a frase mostra o vigor e a intensidade com que se fixou no espírito do poeta a formação

---

*Cartas a Armando Cortes-Rodrigues, in *Páginas de doutrina estética*. Lisboa: Inquérito, 1959, 2ª ed., p. 73.

britânica que recebera em Durban, na infância e na adolescência. Mostra também que a atração pelo mistério da existência, o horror da morte e do desconhecido e o acentuado pendor para a especulação metafísica não só o levaram a se interessar por mediunidade e espiritismo, astrologia e maçonaria, teosofia, antroposofia, rosacrucianismo e outras formas de investigação esotérica, mas constituíram um núcleo denso de obsessões que o acompanharam até o último instante.

Um livro planejado?

Embora os primeiros poemas que iriam fazer parte de *Mensagem* datem de 1913, a primeira referência ao livro é de 1932, quando Pessoa enviou à revista *Presença* a série "Mar português", acompanhada de uma carta a João Gaspar Simões, em que afirma: "Era minha intenção começar as minhas publicações por três livros, na ordem seguinte: (1) *Portugal*, que é um livro pequeno de poemas (tem 41 ao todo), de que o "Mar português" é a segunda parte; (2) *Livro do desassossego*... e (3) *Poemas completos* de Alberto Caeiro."*

Temos aí dois fatos interessantes. Até pouco antes de ser publicado, *Mensagem* intitulou-se *Portugal*, e, antes de seguir para o prelo, ainda sofreria acréscimos: o livro tem 44 poemas, e não 41. Logo depois da publicação, a mudança do título foi esclarecida. Primeiro, segundo a avaliação de Gaspar Simões, porque o poeta não achava "a sua obra à altura do nome da Pátria"; depois (aí a palavra é do próprio Pessoa) "porque o meu velho amigo Cunha Dias me fez notar – a observação era por igual patriótica e publicitária –

*Cartas a João Gaspar Simões. Lisboa: Publicações Europa–América, n. 195, p. 117.

que o nome da nossa Pátria estava hoje prostituído a sapatos, como a hotéis a sua maior dinastia. Concordei e cedi, como concordo e cedo sempre que me falam com argumentos. Tenho prazer em ser vencido quando quem me vence é a Razão, seja quem for o seu procurador".* A mudança de título enseja uma ilação paradoxal, tipicamente pessoana. Um livro que procura ir fundo no tema "Portugal" acaba por eliminar do título esse nome, não porque a obra não estivesse à altura da Pátria, mas exatamente porque a ultrapassava. *Mensagem* trata, sem dúvida, de Portugal, sua alma e sua história, mas trata também da condição humana em geral, dirigindo-se a qualquer leitor, para além de nacionalismos estreitos. Ao mudar o título, Pessoa sutilmente "desportugalizou" um pouco a obra, como que a chamar a atenção para seu alcance, sobretudo, universal.

Uma das ironias é que, uma vez publicado, o livro ganhou um prêmio de "segunda categoria"... Em 1934, o Secretariado Nacional de Propaganda do governo salazarista instituiu o "Prêmio Antero de Quental", a ser atribuído ao melhor livro de poesia nacionalista que se apresentasse a concurso. "O meu livro estava pronto em setembro, e eu julgava, até, que não poderia concorrer ao prêmio, pois ignorava que o prazo para entrega dos livros, que primitivamente fora até o fim de julho, fora alargado até o fim de outubro. Como, porém, em fim de outubro já havia exemplares prontos de *Mensagem*, fiz entrega dos que o Secretariado exigia. O livro estava exatamente nas condições (nacionalismo) de concorrer. Concorri."**

---

*F. Pessoa, *Textos de crítica e intervenção*, Lisboa, Ática, 1980, p. 179.

**Carta de 13/1/1935, a Adolfo Casais Monteiro, in *Páginas de doutrina estética*, ed. cit., 1946, pp. 256-257.

No dia 31 de dezembro de 1934, divulgou-se o resultado, sendo contemplado o livro *Romaria*, do padre franciscano Vasco Reis, "uma obra [...] que tem um sabor marcadamente cristão e popular", segundo nota divulgada no *Diário de Lisboa*, de 4 de janeiro de 1935. O regulamento previa um prêmio único, mas à última hora foi criado, para *Mensagem*, um prêmio de "segunda categoria". Diz a mesma nota que o júri decidiu, "atendendo ao alto sentido nacionalista da obra e ao fato de o livro ter passado para a segunda categoria apenas por uma simples questão de páginas, elevar para 5.000 escudos o prêmio atribuído à *Mensagem*".*

Cônscio da injustiça que foi o seu livro ser preterido em favor de *Romaria*, Pessoa não compareceu à entrega do prêmio. Em carta a Casais Monteiro, ele comenta: "Concordo absolutamente consigo em que não foi feliz a estréia, que de mim mesmo fiz, com um livro da natureza de *Mensagem*. Sou, de fato, um nacionalista místico, um sebastianista racional. Mas sou, à parte isso, e até em contradição com isso, muitas outras coisas";** e talvez nem se lembrasse do que afirmara em 1932: "A intenção, possivelmente provisória, em que estou agora é de publicar, sendo possível, este ano, ou na passagem dele para o outro, o *Portugal* e o *Cancioneiro*. O primeiro está pronto e é livro que tem possibilidade de êxito que nenhum dos outros tem."***

---

*J.G. Simões, *Vida e obra de Fernando Pessoa*, Lisboa, Bertrand, 1950, v. 2, p. 320.

**F. Pessoa, *Páginas de doutrina estética*, ed. cit., p. 256.

 ***F. Pessoa, *Cartas a João Gaspar Simões*, ed. cit., p. 119.

Formas e estrutura

Já ao primeiro contato com o texto de *Mensagem*, podemos constatar o que se esperava: ao longo de suas páginas, esbarramos a todo momento em grande quantidade de referências a reis e rainhas; infantes, regentes, príncipes e navegadores; batalhas, revoluções e acontecimentos vários. Mas, ao contrário do que acontece em obras similares, como a *Odisséia*, a *Eneida* ou *Os Lusíadas*, *Mensagem* não tem um enredo. Tem, sim, um vasto elenco de personagens históricas, referidas em meio a vagas alusões aos episódios em que tenham estado envolvidas. Não se trata, enfim, de poesia narrativa. O que Pessoa faz é apenas *aludir a* fatos e personagens, às vezes de forma indireta e metafórica, às vezes só nos títulos dos poemas.

O leitor que não tenha nenhum conhecimento da história de Portugal sairá da leitura de *Os Lusíadas*, por exemplo, com uma boa visão a respeito, porque se trata de um poema narrativo, armado em torno de um entrecho central, a viagem de Vasco da Gama às Índias. Além disso, o poema contém, ainda, o relato ordenado de toda a história de Portugal, seja na voz dos navegadores, seja na do próprio poeta. Mas o mesmo leitor, que inicie a leitura de *Mensagem* em estado de ignorância a respeito da história de Portugal, sairá da mesma tão jejuno como quando entrou. Pior, sairá sem ter apreendido as *alusões* que o livro faz a figuras e eventos que o leitor *precisaria* conhecer de antemão, e não se dará conta das conotações que o poeta imprime a essas alusões.

As notas que acompanham o texto esclarecem a maior parte dessas referências, e têm por finalidade eliminar os possíveis obstáculos ao bom entendimento e à interpretação. Mas esse entendimento não se esgota com a identificação das referências, que respondem somente à pergunta

"De que trata este ou aquele poema?", permitindo que o leitor apreenda o sentido imediato dos nomes próprios e das menções – mas esse é só *um* dos sentidos possíveis. Mas antes de chegarmos a isso, convém explorar as pistas oferecidas pelas estruturas formais.

Apesar da sua avantajada massa de títulos e subtítulos, a organização formal de *Mensagem* é relativamente simples: o livro se divide em três partes ("brasão, mar português e o encoberto"); a primeira e a terceira se subdividem no que chamaremos de seções (cinco para a primeira, três para a terceira parte); a segunda não tem subdivisões. O número de poemas, nas seções e nas partes, é variável. A organização geral não é uniforme.

A primeira parte é formada por cinco seções, que contêm 2, 7, 5, 1 e 3 poemas, respectivamente – 19 poemas ao todo; a segunda soma 12 poemas; a terceira totaliza 13, distribuídos por três seções, com 5, 3 e 5 poemas. Podemos inferir daí que a primeira e a terceira partes são mais complexas que a segunda; e a primeira, por conter maior número de subdivisões, é mais complexa que a terceira, em virtude da relação de dependência e subordinação entre os componentes das partes e seções. Exemplo: "A cabeça do grifo" (primeiro poema da quinta seção, primeira parte) deve ser entendido em correlação com os outros dois poemas da mesma seção, cujo sentido se subordina ao sentido geral do conjunto que abrange as cinco seções da parte intitulada "Brasão".

Se recorrermos às notas que acompanham o texto, logo perceberemos que a seqüência dos poemas, ao longo do livro, obedece à cronologia histórica, embora não de forma rigorosa, e com alguns saltos. A primeira parte lida com as origens de Portugal e chega até o início da expansão marítima. É imediato, então, deduzir que a desigualdade de tratamento na distribuição dos poemas em seções, e destas em partes, funciona como metáfora de uma interpretação da história de Portugal.

A primeira parte do livro contém referências à etapa em que Portugal define sua nacionalidade e, em seguida, expande seu território, primeiro no continente europeu, depois mar afora – etapa árdua e difícil, plena de avanços e recuos, conforme sugere a complexidade de formas e quantidades do "Brasão". A segunda lida com o apogeu das grandes viagens e a amplidão marítima, desbravada pelos portugueses, espécie de elevado patamar, sobre o qual se alteia o espírito heróico, livre de obstáculos – como se pode ver na ausência de subdivisões do "Mar português", que sugere a superação desses obstáculos. Já a terceira concentra-se na figura de D. Sebastião e abrange o longo período de decadência que se descortina a partir do seu desaparecimento – e por isso "O Encoberto" volta a ter uma organização formal complexa. Temos aí um fio cronológico e uma seqüência histórica que justificam a distribuição assimétrica e irregular dos poemas e sugerem uma interpretação da história de Portugal em três fases: ascensão, apogeu, declínio.

A primeira parte conta com um elemento estruturador significativo, de forte apelo visual: o escudo heráldico, distintivo da nobreza de Portugal, sugerido no título, "Brasão", cujos componentes plásticos se harmonizam com os poemas e seções respectivos, no que se refere às quantidades e aos significados. Os conteúdos que se lêem na primeira parte (origens de Portugal, formação da nacionalidade, expansão territorial) possuem um correspondente analógico no plano sensível e podem ser representados visualmente na objetividade do ícone. Os elementos que compõem a figura do brasão correspondem, criteriosamente, às seções e aos poemas que integram a primeira parte.

No escudo propriamente dito (o brasão sem a coroa e o timbre), os castelos são sete, mas oito os poemas correspondentes, embora Pessoa recorra ao artifício de evitar o número oito, duplicando o sétimo castelo-poema em "Sétimo (I)" e "Sétimo (II)". Isso se prende à numerologia esotérica, a ser analisada logo adiante. A simbologia das seções é clara. O campo externo, dos "Castelos", representa a defesa e a proteção da nação, função importante, sem dúvida, mas secundária, se comparada à função primordial do segundo campo, interno, vale dizer o núcleo do brasão: aí se localizam as "Quinas", que representam as chagas de Cristo, ou a essência do espirito português, religioso e cristão desde a origem. "A coroa", símbolo de realeza e nobreza, é representada não por algum rei, mas por Nun'Álvares Pereira, o guerreiro que se tornou santo: para Pessoa, a verdadeira nobreza é menos a de sangue que a de espírito, e envolve

 desprendimento, lealdade, generosidade, coragem e renúncia

aos bens terrenos. "O timbre", segundo a tradição, deveria ser representado pelo dragão alado, mas o poeta o substitui por outro animal mitológico, o grifo: cabeça e asas de águia, patas de leão. A razão é que se trata de um símbolo mais elevado e antigo que o dragão, e também porque o grifo se associa à oposição dos contrários: o diurno e o noturno, ordem e desordem, agitação e repouso, o trabalho e o prazer etc.

As quantidades e relações numéricas constantes no "Brasão" têm um provável significado esotérico. Seus componentes básicos são três: a coroa, o escudo e o timbre. A coroa representa a *unidade* (um poema) que, atuando sobre a *dualidade* (dois campos, dois poemas), indicativa de conflito e separação, resulta na harmonização dos contrários, representada pela *trindade* (os três poemas que compõem "O timbre"). As quinas são cinco porque cinco, também, são os "fluidos da alma", de acordo com a tradição esotérica: o astral, o nervoso, o do fogo serpentino, o hormonal e o do sangue.* Os castelos são sete porque, na mesma tradição, esse é o número dos estados da matéria, as etapas do caminho alquímico, que conduzem de volta à unidade primordial.** Por essa razão é que os poemas relativos aos sete castelos são em número de oito: as sete etapas mais uma, para sugerir que o fim se confunde com o princípio, em movimento circular. Além disso, os adeptos de Buda acreditam que a derradeira etapa do caminho de retorno à unidade seja a "nobre senda óctupla", o nobre oitavo caminho.*** Ainda nessa linha de especulação numerológica, três é também o número que preside à organização geral do livro: três

*Cf. J. van Rijckenborgh, *O mistério da vida e da morte*, São Paulo, Lectorium Rosicrucianum, s.d., trad. bras., pp. 17-18.

**Idem, p. 22.

***Idem, ibidem.

são as partes; três (e cinco) são as quantidades que se alternam na terceira parte; e a segunda está armada sobre o número doze, múltiplo de três, que representa os meses do ano, o zodíaco, as esferas celestes, a harmonia universal.

Várias vozes

A cada página do livro, há sempre uma voz que se manifesta sobre acontecimentos da história de Portugal, mas também aí verificamos que *Mensagem* é um livro ambíguo. Pessoa utiliza-se de algumas figuras e alguns episódios, para ver neles ou conferir a eles um sentido transcendente, mas a voz que aí fala, poema a poema, não é sempre a mesma: são várias. Ao contrário do que ocorre em *Os Lusíadas*, por exemplo, em que o ponto de vista a respeito da história é um só – o do próprio Camões –, em *Mensagem*, o que temos é uma grande variedade de pontos de vista. Os poemas nos colocam, por vezes, diante de uma voz impessoal, que não sabemos a *quem* pertence. É um "eu" implícito, que quase sempre *fala de* alguma coisa, sem se dirigir a ninguém. Outras vezes é uma voz pessoal, um "eu" explícito, no geral um rei, um guerreiro, um navegador, que *fala de* e *a si próprio*, na forma de monólogo. Às vezes, a impessoalidade da voz se atenua, quando esta se dirige a um interlocutor. Nesse caso, o sujeito que fala deixa de ser apenas implícito e se manifesta, entrando em relação com um "tu".

Nos dois poemas da seção "Os campos", uma voz impessoal primeiro descreve a Europa, que, de costas para o continente, contempla o oceano, "futuro do passado", depois descreve a figura de Cristo, mas não se dirige a ninguém, apenas *fala de* – sugerindo a intervenção de uma voz mediadora, impessoal. Na seção "Os castelos", a voz que aí se manifesta ganha algum contorno pessoal, por se dirigir à figura referida no título de cada poema. Já na seção "As quinas", temos uma voz diferente para cada composição, isto é, a voz da figura histórica anunciada no título; são vozes que se manifestam sem a interferência de um observador de fora, como se a essência de Portugal falasse por si, nessa série de epitáfios à maneira dos gregos antigos, em que o morto esboça, de além-túmulo, o seu próprio retrato. Na seção "A coroa", retorna a voz semipessoal de um "eu" que se dirige a alguém, no caso a Nun'Álvares Pereira, e na última seção, "O timbre", reaparece a voz impessoal, que *fala de*.

Na segunda e na terceira partes, a variação de vozes é ainda maior, mas alternando sempre as três modalidades: *falar* (voz pessoal, monólogo); *falar de* (voz impessoal); *falar a* (voz semipessoal). E temos ainda, além do "nós" (índice do ser coletivo, que não aparece na primeira parte), a presença explícita da voz do poeta, falando em seu próprio nome – de Portugal, do mar português, de D. Sebastião, certamente, mas também dos seus sentimentos pessoais e do seu próprio livro, a evidenciar que a matéria histórica não possui autonomia, não segue um rumo próprio ou autossuficiente, mas depende de um *olhar* privilegiado, subjetivo, para que chegue a se articular. Portugal não *é*, em si; só *será* na esteira do olhar visionário que o fixe em palavras e lhe confira um significado – inexistente ou incompreensível antes que o poeta o anunciasse. É o que lemos no terceiro dos Avisos, "'Screvo meu livro à beira-mágoa", ou em "A última nau" (Mar português, XI):

> Ah, quanto mais ao povo a alma falta,
> Mais a minha alma atlântica se exalta
> E entorna,
> E em mim, num mar que não tem tempo ou 'spaço,
> Vejo entre a cerração teu vulto baço
> Que torna.

Importa destacar o quarto verso. O "mar", que julgávamos ser definidor da realidade histórica dos descobrimentos, é agora um "mar que não tem tempo ou 'spaço", entrevisto pelo poeta em seu próprio mundo interior ("em mim"). Com isso, a história deixa de ser, apenas, o desenrolar de eventos objetivos, fora do sujeito, e com os quais este apenas se identifique, para também se tornar interioridade, confundindo-se com esse mesmo sujeito: introjeção da história pela dilatação do Eu.

Mais do que a primeira, a segunda e a terceira partes constituem um concerto a várias vozes, sugestão do desencontro, da harmonização difícil e da perda de rumos que se sucederam ao apogeu de Portugal. Por isso, essas vozes convergem alternadamente para o mar, símbolo primordial, catalisador da alma portuguesa, e para a figura mítica de D. Sebastião, que morreu além-mar, no norte da África, mas poderá voltar... pelo mar. Com isso, a origem do mito sebastianista se confunde com o imaginário marítimo, conferindo algum sentido à frase enigmática do início do livro, que descreve o Ocidente como "futuro do passado". Futuro porque ainda não aconteceu, mas passado porque já foi sonhado, exatamente desse modo, por D. Sebastião.

A multiplicação de vozes ou pontos de vista encontra apoio na constituição material da obra, isto é, nas quantidades métricas e versificatórias aí empregadas, nível em que temos, também, uma grande variedade de formas, responsável por atraente mescla de ritmos e andamentos. Apesar de seu tamanho reduzido, *Mensagem* pode ser definida como uma verdadeira polifonia multifacetada, em contraposição, por exemplo, a uma epopéia clássica como a camoniana, constituída de um imenso bloco uniforme e coeso: o mesmo tipo de verso, o decassílabo heróico, e o mesmo número de versos em todas as estrofes. A uniformidade de

Os Lusíadas representa os atributos do mundo aí anunciado, um mundo regido pela lógica infalível da ciência renascentista, espaço seguro onde o homem pode realizar o melhor do seu destino. Já a epopéia moderna, concebida por Fernando Pessoa, caracteriza-se pela assimetria e a irregularidade das formas escolhidas, que assim vêm a ser figuração metafórica das incertezas e descaminhos do mundo aí representado, tal é a variedade dos tipos de verso e de estrofe utilizados pelo poeta. Ainda quanto aos aspectos formais, cumpre observar que, na sua maioria, os versos de *Mensagem* são rimados, quase sempre segundo o esquema regular das rimas alternadas ou emparelhadas, e que não há, no livro todo, nenhuma ocorrência do chamado "verso livre".

O herói

Mensagem coloca em destaque os nomes de reis, fidalgos e navegadores, e isso sugere uma concepção individualista da história, originária da Antigüidade, segundo a qual os acontecimentos que decidem o destino de toda uma nação são determinados pelos atos isolados de uns poucos indivíduos, os heróis – uma concepção elitista, aparentemente endossada por Fernando Pessoa. Mas se lermos com atenção os poemas, encontraremos algo surpreendente. Tomemos como exemplo a figura do conde D. Henrique (terceiro poema da seção "Os castelos", primeira parte):

> Todo começo é involuntário.
> Deus é o agente,
> O herói a si assiste, vário
> E inconsciente.

À espada em tuas mãos achada
Teu olhar desce.
"Que farei eu com esta espada?"

Ergueste-a, a fez-se.

"O herói a si assiste, vário": o herói é um ser absorto em si mesmo, disperso e inconsciente. D. Henrique subitamente viu-se com uma espada nas mãos, sem saber o que fazer com ela. Simplesmente ergueu-a – gesto instintivo – e algo foi feito ("fez-se", voz passiva), independentemente de sua vontade. O primeiro verso do poema já o esclarecia: "Todo começo é involuntário." O herói aparece então como um indivíduo que age às cegas, mero instrumento de uma vontade superior à sua, que ele não alcança e não compreende: "Deus é o agente." Temos aqui outra concepção de história, de teor metafísico: a sucessão dos eventos, por grandiosos que sejam, assim como os heróis, que só aparentemente os deflagram, não passam de sinais ou indícios de uma Vontade transcendente, quase sempre designada pela palavra "Deus", metáfora do desejo de superação do homem por si mesmo.

Tal concepção sublinha a pequenez, as limitações e a inconsciência do ser humano, por contraposição a algum modelo ideal (Deus?), almejado pelo homem, mas inatingível. E essas qualidades negativas não se restringem à massa anônima do povo, mas se estendem também aos indivíduos de exceção, os heróis: estes também não têm consciência dos atos que praticam, simplesmente deixam-se levar pelo instinto ou pelo acaso. O que se lê, então, em *Mensagem* é a representação metafórica de todo e qualquer esforço humano: um tortuoso e enigmático desfilar de gestos e atos cegos, no encalço de uma transcendência tanto mais ansiada quanto mais irrealizável. Aquilo que da história se vê, e se "sabe", não passa de aparência e equívoco, espuma de superfície; seu sentido verdadeiro é indevassável, porque remonta à sua origem mítica, "o nada que é tudo". A razão profunda pela qual as coisas acontecem escapa ao nosso entendimento.

Além de D. Henrique, que "a si assiste, vário e inconsciente", Viriato e D. Tareja, por exemplo, são apenas "instinto"; D. Dinis não sabe que é "plantador de naus a haver"; D. João é "Mestre, sem o saber", e assim por diante. São constantes as referências do mesmo teor. À medida que avançamos no livro, elas se tornam mais explícitas, como nesta afirmação, a propósito do infante D. Henrique: "Deus quer, o homem sonha, a obra nasce." Caso ainda houvesse alguma dúvida, o último poema, "Nevoeiro", é taxativo: "Ninguém sabe que coisa quer / Ninguém conhece que alma tem."

De acordo com *Mensagem*, a aspiração humana mais elevada seria a vontade firme, o querer consciente, a lucidez plena – dons que o poeta considera utópicos. O máximo que o homem pode pretender é *sonhar* com a perfeição que seria conhecer a própria alma e o significado verdadeiro dos próprios atos. Na visão do poeta, o verdadeiro sentido da vida humana só se fará presente se esta for consagrada à realização dessa perfeição, *mesmo sabendo que ela é impossível.* A consciência dos limites e a impossibilidade de ultrapassá-los constituem, paradoxalmente, um motivo a mais para persistir no seu encalço.

Nesse particular, *Mensagem* não chega a ser original, apenas repõe em circulação um lugar comum, antigo *topos*, originário do Antigo Testamento e partilhado por praticamente todas as culturas conhecidas: *o homem é um ser imperfeito*, "bicho da terra, tão vil e pequeno", no dizer camoniano, que no entanto pode sonhar livremente os ideais mais elevados, até e sobretudo os irrealizáveis. Mas se o que caracteriza o homem é a imperfeição, quanto mais este avance no rumo do aperfeiçoamento... menos humano será. Esse é um dos muitos paradoxos de *Mensagem*: a aspiração máxima do homem seria (ou redundaria em) deixar de ser humano. Para se tornar "divino"? Para rivalizar com Deus? Não necessariamente. Apenas para desenvolver ao máximo suas potencialidades, hipótese que, caso chegasse a ocorrer, inevitavelmente conduziria o homem a um patamar superior, ultra-humano. Temos aí uma idéia-chave, que ajudará a compreender um pouco da complexidade da obra: *o homem e suas potencialidades.*

Podemos entender que a história humana, esse infindável desenrolar de fatos, acontecimentos, conquistas e derrotas, batalhas, revoluções, viagens, descobertas etc., não passa de manifestações aparentes de uma energia potencial, cuja tendência é ir muito além dos limites conhecidos. É essa a concepção sugerida em *Mensagem*. O significado profundo dos fatos históricos não residiria nas manifestações exteriores, mas na sua potencialidade, isto é, naquilo que poderia ter acontecido, ou que ainda pode vir a acontecer, caso a energia latente encontrasse (encontre?) condições favoráveis a seu pleno desenvolvimento.

Pessoa chama de "mito" a essa energia que, para ele, se confunde com a origem de tudo, isto é, a potencialidade que antecede o momento em que todas as coisas ganham existência, e que continua aí, em estado de latência. Mito é tudo aquilo que ainda não é, mas pode vir a ser. Quando deixa de ser mera potencialidade, para de fato acontecer, o mito deixa de ser mito para se converter em história, que seria então o movimento incessante de chegada à vida, instante fugaz que coincide, já, com a morte. Na passagem, perde-se o sentido original da energia que o poeta designa por "mito", uma vez que toda realização é parcial e incompleta, e a história é sempre palco de imperfeição.

Detenhamos a atenção no enigmático poema dedicado a Ulisses (primeiro poema da seção "Os castelos", primeira parte), com seus desconcertantes paradoxos – que talvez já façam, agora, algum sentido:

O mito é o nada que é tudo.
O mesmo sol que abre os céus
É um mito brilhante e mudo
O corpo morto de Deus,
Vivo e desnudo.

Este, que aqui aportou,
Foi por não ser existindo.
Sem existir nos bastou.
Por não ter vindo foi vindo
E nos criou.

Assim a lenda se escorre
A entrar na realidade,
E a fecundá-la decorre.
Em baixo, a vida, metade
De nada, morre.

A "vida", realidade histórica, corresponde a "metade de nada", porque não passa da tentativa de reproduzir, no plano material, uma plenitude espiritual que está muito além das possibilidades humanas. O texto afirma a prevalência do mito sobre a história, mas não a exclusão de qualquer desses pólos. Não se trata de optar entre contrários, na forma da exclusão – mito *ou* história, ser *ou* não-ser –, mas de aceitar sua confluência e sua coexistência: mito *e* história, ser *e* não-ser, conjugados. Além de nos revelar esse paradoxo fundamental, o poema dedicado a Ulisses põe em destaque, ainda, outro aspecto decisivo: a concisão de linguagem.

O que temos aí, prefigurando o que ocorrerá na seqüência do livro todo, é a predominância de versos curtos, orações breves, períodos pouco desenvolvidos, laconismo, cortes e elipses, máxima condensação sintática – como se o discurso pretendesse apenas enunciar, por meio de sinais sibilinos, atomizadamente, uns poucos, mas muito compactos, núcleos de pensamento, sem desdobrá-los, sem explicitar-lhes os subentendidos. Essa concentração de carga ideativa gera sucessivos e sempre multiplicados interstícios, nos quais se aloja uma crescente quantidade de insinuações e sugestões, que não podemos senão entrever ou adivinhar.

Assim, a concisão lapidar da linguagem faz que o discurso progrida mais pela proliferação de analogias do que pelo encadeamento de nexos causais. Assim como o brasão heráldico se articula, por analogia, aos poemas que lhe correspondem, assim também a trama de vocábulos, inscrita no quadrilátero da página, se articula a uma concepção metafísica da história, que vai sendo erguida, passo a passo. A mesma limitação do ser humano em relação aos desígnios últimos da história (de que ele participa, que ele aparentemente executa, mas cujo sentido lhe escapa) verifica-se também no nível da própria linguagem: instrumento precário, incapaz de *dizer* a realidade, a linguagem humana pode quando muito sugeri-la, por meio de imagens e analogias, no encalço de uma verdade maior, que se refugia nas entrelinhas. Desistir de buscar essa verdade seria o mesmo que "ter por vida a sepultura".

Por isso, "Triste de quem é feliz!"... O que Pessoa parece dizer é: triste de quem se acomoda, de quem se sente feliz e satisfeito consigo mesmo, e não luta para superar suas imperfeições e seguir adiante. Para o poeta, a vontade de superação é que distingue o herói do homem comum. Melhor, distingue o homem verdadeiro do simulacro de homem.

Para Fernando Pessoa não há meio-termo: ou bem o homem se acomoda, satisfeito com o que tenha realizado, e abdica de toda aspiração, ou bem se recusa a aceitar as amostras de felicidade ao seu alcance e insiste em perseguir obstinadamente a realização plena, ainda que inalcançável. A primeira opção é impiedosamente condenada pelo poeta:

> Triste de quem vive em casa,
> Contente com o seu lar,
> Sem que um sonho, no erguer de asa,
> Faça até mais rubra a brasa
> Da lareira a abandonar!
>
> Triste de quem é feliz!
> Vive porque a vida dura.
> Nada na alma lhe diz
> Mais que a lição da raiz –
> Ter por vida a sepultura.
>
> Eras sobre eras se somem
> No tempo que em eras vem.
> Ser descontente é ser homem.
> Que as forças cegas se domem
> Pela visão que a alma tem!

Aí temos uma das idéias-chave de *Mensagem*: a existência esvaziada de sonhos ambiciosos equivale a "ter por vida a sepultura". Pessoa ensina que o homem satisfeito e feliz é aquele que se norteia pela razão e pelo bom senso, pela fidelidade ao real imediato e pelo desejo de autopreservação, ditados pelo medo de perder a "metade de nada" que eventualmente conquistou, e por isso se recusa a abandonar a "lareira", isto é, o calor e a proteção do lar. Já o homem insatisfeito é guiado pelo desejo irrefreável de aventura. A segurança do lar incomoda-o, porque lhe lembra insistentemente a própria imperfeição, e ele abrirá mão dela, tão logo a obtenha, partindo em busca de novos desafios. Tais características fazem do homem descontente, esboçado em *Mensagem*, um ser híbrido, à semelhança do herói antigo: metade humano, metade divino. Enquanto a metade humana definha e morre, vítima de sua fragilidade, a metade divina move horizontes, descobre novos mundos e impele a história. Insatisfação absoluta, ousadia, audácia, temeridade, irracionalidade ou... loucura. Pessoa não hesita em dar à sua idéia de herói, ou melhor, à sua idéia de homem verdadeiramente humano, a designação adequada, em clave metafórica: *loucura*. Sem ela, pergunta D. Sebastião, "que é o homem mais que a besta sadia, cadáver adiado que procria?".

As designações variam (D. Fernando, por exemplo, o infante de Portugal, fala da "febre de Além" que o consome), mas a idéia é basicamente a mesma: o homem descontente obedece a um impulso interior, irrefreável. No verso mais de uma vez lembrado, "Deus quer, o homem sonha, a obra nasce", esse ser que "quer", chamado "Deus", não seria uma entidade alheia, fora do homem, mas qualquer coisa como a centelha divina a pulsar no interior do humano. Não se trata de alguma força sobrenatural, vinda de fora, que o mova nessa ou naquela direção, conforme poderia parecer, com base no termo empregado, "Deus", que ganha então, já se vê, sentido metafórico. O que move o homem é uma energia interior, originada de sua alma individual, e até mesmo à sua revelia. É essa energia, figuradamente representada no emblema da *loucura*, que leva Diogo Cão, o navegador, a afirmar que "A alma é divina e a obra é imperfeita", para mais adiante concluir: "O mar com fim será grego ou romano: o mar sem fim é português."

Poesia e profecia

A idéia fundamental de *potencialidade* sugere que, no plano histórico, nada terá chegado, ainda, a seu desenvolvimento pleno. Mas enquanto os fatos se desenrolam, é como se "outra" história, ainda só mito, continuasse a ruminar no interior da primeira, seguindo seu curso de origem, buscando se transformar. É o que o poeta chama "futuro do passado". O homem comum ignora essa possibilidade e se satisfaz com o que encontra na superficie das coisas. Se todos procedessem dessa forma, o resultado seria a estagnação total. A história só progride porque alguns indivíduos, sentindo em si aquela espécie de "loucura" ou de "febre de Além", arremetem contra o desconhecido e elevam a condição humana acima da pequenez de todos os dias.

Pessoa pretende que esse entendimento da condição humana se aplique não só aos portugueses, mas a toda a humanidade. É no rumo da universalidade, portanto, que a obra desenvolve sua especulação, de acentuado pendor filosófico. Portugal é tomado como exemplo dessa visão da história, exemplo privilegiado: os descobrimentos, obra dos portugueses, constituem o ponto máximo do esforço civilizatório empreendido pela Europa cristã. A partir daí, julga o poeta, acentuou-se a decadência, que na verdade já vinha de longe. Por outro lado, Portugal estaria destinado a ser, num futuro próximo, o foco de regeneração de todo o mundo civilizado, tornando-se a sede do Quinto Império – conforme propõe o mito sebastianista.

O arcabouço de *Mensagem* remete para a história de Portugal, como acontece com *Os Lusíadas* ou, no tocante à história de Roma, com a *Eneida*. Ao contrário, porém, de seus antecessores, que glorificam o passado nacional e, quando muito, chamam a atenção para as dificuldades do presente, Pessoa se concentra obcecadamente no que está por vir, embora simule estar quase o tempo todo a falar do passado, cujos acontecimentos o poeta encara como sinais misteriosos, a serem decifrados, a fim de que se torne possível entrever neles, por antecipação, o que estaria por acontecer. Assim como o astrólogo percorre o firmamento, tentando "ler" na linguagem dos astros seu significado simbólico, aplicável a outra dimensão de realidade, Pessoa vê a história como linguagem cifrada, que ele procura interpretar, visionariamente – como se fosse um poeta com estofo de profeta. (Uma das designações antigas do poeta, aliás, a que Fernando Pessoa faria jus, é "vate", aquele que vaticina.)

Por isso, ele começa por aludir ao "futuro do passado"; menciona depois "o som presente desse mar futuro"; queixa-se de que ainda "falta cumprir-se Portugal", e assim por diante. Cada poema parece criar um clima de magia em torno de presságios e adivinhações, sugerindo que algo grandioso está prestes a ocorrer. Quando? "Não sei a hora, mas sei que há a hora." Desse modo, compreende-se que a terceira parte, "O Encoberto", toda ela dedicada a D. Sebastião e ao mito sebastianista, volte-se de maneira mais ostensiva para as especulações e as visões proféticas.

Logo de início, D. Sebastião declara: "É O que eu me sonhei que eterno dura, é Esse que regressarei." Mais adiante, no poema dedicado ao padre Vieira, Pessoa anuncia que já começou "A madrugada irreal do Quinto Império", e são várias as alusões nesse sentido. Repare-se na idéia-chave, exposta no poema final, "Nevoeiro". Tendo-se convencido de que Portugal – por extensão, toda a humanidade – atingiu o ponto máximo de decadência, o poeta afirma, categórico, "É a hora!", certo de que a História humana chegou a um limiar extremo, prenúncio de uma reviravolta iminente, que levará à instalação do império definitivo de Cristo na terra, segundo o profeta Daniel, e isso coincidirá com a volta de D. Sebastião. A passagem em que essa visão aparece com mais nitidez corresponde às duas últimas estrofes do poema justamente intitulado "O Quinto Império" (segundo poema da seção "Os símbolos", terceira parte):

> E assim, passados os quatro
> Tempos do ser que sonhou,
> A terra será teatro
> Do dia claro, que no atro
> Da erma noite começou.
>
> Grécia, Roma, Cristandade,
> Europa – os quatro se vão
> Para onde vai toda idade.
> Quem vem viver a verdade
> Que morreu D. Sebastião?

Nas profecias de Daniel, os quatro grandes impérios da humanidade são Babilônia, Pérsia, Grécia e Roma. Em seguida viria o império de Cristo, que no imaginário português é associado à volta de D. Sebastião. Pessoa exclui os dois primeiros impérios e acrescenta outros dois, "Cristandade" e "Europa", cujos limites histórico-geográficos, principalmente os do segundo, parecem difíceis de precisar. Na concepção do poeta, a Europa deverá ser dissociada da Cristandade?

No prefácio que escreveu para o livro de Augusto Ferreira Gomes, *O Quinto Império* (1934), depois de se referir à tradição milenar, que concebe impérios "materiais", Pessoa esclarece a sua concepção dos cinco impérios: "Não é assim no esquema português. Este, sendo espiritual, em vez de partir, como naquela tradição, do império material da Babilônia, parte, antes, com a civilização em que vivemos, do império espiritual da Grécia, origem do que espiritualmente somos. E, sendo esse o Primeiro Império, o Segundo é o de Roma, o Terceiro o da Cristandade, e o Quarto o da Europa – isto é, da Europa laica de depois da Renascença. Aqui, o Quinto Império terá que ser outro que o inglês, porque terá que ser de outra ordem. Nós o atribuímos a Portugal, para quem o esperamos."*

O cristianismo caracterizou-se, desde o início, por uma capacidade de crescimento e expansão que as religiões anteriores não conheceram, e esse processo continuou, por meio de sucessivas metamorfoses, ao longo dos séculos. Uma das épocas em que isso se deu com maior intensidade foi a das grandes navegações, durante o Renascimento. Um dos objetivos da expansão marítima dos séculos XV e XVI foi justamente a propagação do cristianismo. Por isso, cada caravela que zarpava do Tejo levava a bordo, além dos marinheiros, um padre, a fim de que, descoberta uma "nova" terra (ainda que fosse uma terra antiga, de religião milenar, como em várias partes da Ásia), logo se fincasse uma cruz e se rezasse a santa missa. O propósito dos descobrimentos foi cristianizar o mundo. Acontece que, paralelamente a esse elevado propósito, a expansão marítima alimentou também objetivos bem mais prosaicos: fazer comércio, enriquecer, conquistar novos mercados, ampliar o poderio político e econômico, visando à dominação absoluta. Os grandes descobrimentos foram, assim, a alavanca que fez deslanchar o mercantilismo, destinado a se tornar o núcleo de convergência do mundo moderno.

Esse novo império, erigido com base nas leis de mercado; esse império que começa a ser construído nos séculos XV e XVI, graças à iniciativa pioneira dos navegadores e

---

 *F. Pessoa, *Textos de crítica e intervenção*, ed. cit., p. 247.

colonizadores portugueses, e que tende a transformar o mundo todo num grande armazém obsessivamente devotado à economia global; esse império, já então dominado pela Inglaterra, não mais por Portugal, é chamado de "Europa", em *Mensagem*, e por isso não se confunde com o terceiro império, a Cristandade. Esta sim é que, em seus desdobramentos, viria a se confundir com o mercantilismo. Na visão pessoana, o elevado propósito renascentista de cristianizar o mundo falhou, porque nessa altura o cristianismo já havia perdido sua pureza de origem, já havia sido impregnado pelos propósitos dominadores das grandes nações imperialistas, Inglaterra à frente, e por isso acabou superado ou tragado pela civilização mercantilista – a aldeia global do nosso tempo. Repare-se como agora já faz mais sentido a enigmática descrição de uma Europa animizada ou antropomorfizada, no poema de abertura do livro:

> A Europa jaz, posta nos cotovelos:
> De Oriente a Ocidente jaz, fitando,
> E toldam-lhe românticos cabelos
> Olhos gregos, lembrando.
>
> O cotovelo esquerdo é recuado;
> O direito é em ângulo disposto.
> Aquele diz Itália onde é pousado;
> Este diz Inglaterra onde, afastado,
> A mão sustenta, em que se apóia o rosto.
>
> Fita, com olhar esfíngico e fatal,
> O Ocidente, futuro do passado.

Aí estão referidos os quatro grandes impérios: Grécia ("olhos gregos"), Roma ("românticos cabelos", entendendo-se "românticos" em uma de suas acepções possíveis, como derivado de "românico", relativo a Roma), Cristandade ("Itália", porque aí se localiza a Santa Sé) e Europa ("Inglaterra", sede do poderoso império britânico, berço do mercantilismo moderno) – além do Quinto Império, o "futuro do passado". Mas se Portugal é o "rosto" da Europa, então aqueles "olhos gregos", do início do poema, lhe pertencem. Pessoa insinua que, no modo português de encarar a realidade, conserva-se ainda a lembrança da origem grega da civilização ocidental. Submetida primeiro à Roma imperial, depois à Cristandade e finalmente à Europa mercantilista, essa origem acabou esquecida do restante do mundo, só se preservando na alma portuguesa. Na visão idealizada do poeta, o olhar português – apesar de voltado para o mar, vale dizer para os descobrimentos e a conquista de novas terras – não é mercantilista, mas espiritual. Essa espiritualidade, além de grega, é também genuinamente cristã, já que a alma portuguesa preservaria o cristianismo autêntico, anterior à sua absorção pelo mercantilismo.

Segundo o entendimento do poeta, o cristianismo, por ter rompido radicalmente com o mundo antigo, pagão, embora se originasse deste, deu início a uma civilização destinada a se fechar na exclusividade cristã, tomada como única religiosidade "verdadeira", cada vez menos disposta a conviver com outras crenças. Na visão neopagã adotada por Pessoa, isso teria sido um erro e um desvio, responsáveis pelo desvirtuamento do autêntico cristianismo, que o poeta considera indissociável do autêntico paganismo. Para compreender esse inusitado consórcio entre cristianismo e paganismo, basta lembrar uns versos famosos de Ricardo Reis ("Não a ti, Cristo, odeio ou te não quero..."), o heterônimo incumbido por Fernando Pessoa de denunciar a decadência do mundo moderno e fazer a apologia do paganismo.

Quanto ao propósito de religar o cristianismo à sua origem pagã, o Quinto Império, visionado pelo poeta, recolocaria as coisas no devido lugar. Dessa forma, as antigas profecias bíblicas de Daniel, a figura histórica de D. Sebastião e o próprio sebastianismo entrariam em *Mensagem* como símbolos poético-filosóficos, não devendo ser tomados ao pé da letra. O Quinto Império pessoano pode ser entendido como regresso às origens – as origens simultaneamente cristãs *e* pagãs da nossa civilização, reconvertidas à sua integridade primordial. E como seria essa nova civilização? Como seria o "futuro do passado"? O poeta dá a entender, por meio dos comentários a respeito dos heróis, que o Quinto Império resultaria da criação de uma sociedade formada por homens capazes de realizar a plenitude de suas potencialidades, quer enquanto indivíduos, quer enquanto ser coletivo; uma sociedade em que o acúmulo de bens materiais deixasse de ser o ideal supremo buscado pela maioria, em que não houvesse lugar para a superstição e a ignorância, em que o conhecimento racional regesse todas as relações, em que o povo não fosse mais a massa de manobra obscurecida e fanatizada, manipulada pelas elites econômicas, políticas ou religiosas, ou em que as pessoas fossem realmente indivíduos, na posse integral de sua consciência e vontade. Uma sociedade, em suma, em que houvesse menos "cadáveres adiados que procriam" e mais "heróis, santos e gênios", vale dizer: em que a exceção se tornasse regra.

Utopia, delírio de poeta sonhador – delírio racional, mas ainda assim delírio –, não é verdade? Contudo, esse aliciante Quinto Império aí está: português e europeu, grego e cristão, regional e universal – visionário e lúcido, ao mesmo tempo. De quebra, a *Mensagem* contém ainda um acentuado ingrediente esotérico, predominantemente rosacruciano, cujos meandros é chegado o momento de enfrentar.

A fraternidade universal

Vários aspectos de *Mensagem*, nas formas e no sentido obscuro de alguns poemas, guardam surpreendente afinidade com certos ensinamentos rosacrucianos, mas vamos apenas assinalar essas afinidades, sem procurar extrair daí conclusões taxativas, como "Fernando Pessoa foi adepto da seita rosacruz" ou "*Mensagem* é um livro que só pode ser compreendido à luz da doutrina rosacruciana". Quanto à primeira, não temos conhecimento; quanto à segunda, é uma conclusão inteiramente falsa. Chegamos até aqui com uma interpretação razoável da obra, isto é, fundada em argumentação racional, sem tocar na questão esotérica nem no rosacrucianismo, mas não devemos ignorar "coincidências" por demais evidentes.

A doutrina rosacruz compreende, além de muitos outros temas, uma *cosmogonia*, sob a forma de especulação em torno da origem e evolução do universo, de onde seus adeptos extraem o que consideram o "plano universal", isto é, o sentido geral dessa origem e evolução. Dessa cosmogonia e desse "plano", vamos destacar o que pode ser associado a *Mensagem*. O ponto de partida é a crença, segundo os rosacruzes, de que, na origem, o universo teria conhecido uma harmonia cósmica, primordial, rompida pelo acontecimento decisivo da "queda", momento em que cada átomo ou microcosmo perde sua estrutura tríplice, que se reduz à oposição dialética entre pólos contrários. Um desses pólos, a camada externa ou "alma áurica", é constituído por sete linhas de força magnética, e o pólo oponente, a camada interna ou "alma-núcleo", é "repleta de vibrações fortes e contínuas, os cinco fluidos da alma", e nela se abriga a "Rosa do Coração, inativa ou adormecida".* É evidente aí a afinidade

*J. van Rijckenborgh, *O mistério da vida e da morte*, ed. cit., p. 17.

com os dois "campos" do escudo que integra o brasão, com seus *sete* castelos e suas *cinco* quinas.

Antes da "queda", a estrutura de três núcleos (positivo, negativo e neutro) de cada microcosmo mantinha estável a poderosa energia contida em seu interior, em harmonia com o macrocosmo. Com a "queda", ou a perda do pólo neutro, essa energia se desgoverna e ingressa no caos: os núcleos positivo e negativo entram em vigoroso combate entre si, e a energia deixa de ser estável. Isso "despertou no caos 12 correntes substanciais, 12 forças ígneas, 12 enormes reações em cadeia, que aparecem no espaço vazio".* É indisfarçável a analogia entre esse relato e a segunda parte de *Mensagem*, o "Mar português", com seus *12* poemas dedicados às navegações.

Essas "12 correntes substanciais", dispersas no caos, acabam por gerar o homem (encarado como "portador da imagem divina" ou a imagem do macrocosmo em repouso, antes da queda), que é visto assim como ponto de chegada e, ao mesmo tempo, de partida. Ponto de chegada do processo de criação do universo e ponto de partida do processo que conduzirá esse mesmo universo, e o próprio homem, de volta à plenitude macrocósmica original. Aí tem início o "plano universal" dos rosacruzes. Uma vez criado o ser humano, desponta a possibilidade da "hora da realização, a hora em que os homens poderão tornar-se semelhantes aos deuses, quando preencherem realmente a sua vocação".** A analogia, agora, já não é tão evidente, mas esse momento da criação do homem pode ser associado à terceira parte de *Mensagem* (logo depois das "12 reações em cadeia" que formam o "Mar português"), centrada em D. Sebastião, o

---

*Idem, p. 59.

**Idem, p. 61.

Encoberto, tomado assim como metáfora do ser humano, prestes a "preencher realmente a sua vocação".

Segundo a visão rosacruz, todos nós, seres humanos, somos "portadores de imagem, temos uma faculdade de raciocínio e a sentimos como suscetível de ampliação constante", que prosseguirá até a superação da "consciência-Eu", ou seja, até a plena diferenciação individual, que faculta a cada homem a posse integral de si mesmo. Mas essa consciência-Eu não deve ser tomada como "fator preponderante no êxito final da obra, e, sim, como simples fase preparatória do processo"; superada essa fase, o homem conseguirá reintegrar-se ao macrocosmo, para então "submergir-se em um estado de consciência que ultrapassa largamente a todos os outros estados de consciência-Eu já conhecidos".*

A idéia de "ampliação constante", do plano rosacruz, pode ser associada à noção de potencialidade, fundamental para nossa interpretação de *Mensagem*, assim como a idéia de "consciência-Eu", estágio a ser superado logo depois de atingido, tem afinidade com o concerto a várias vozes, que detectamos na obra. O fato de os poemas de *Mensagem* promoverem um constante diálogo entre Eu e Tu, Eu e Ele, Eu e Nós, e assim por diante, pode ser visto, em analogia com o plano rosacruz, como o esforço do poeta no sentido de superar a sua "consciência-Eu", a fim de se tornar parte de uma dimensão maior, coletiva, que a ultrapasse. E ainda podemos ampliar um pouco essa "leitura" esotérica, sublinhando algumas conotações ocultistas do texto pessoano.

O "plano universal" rosacruz fala de um estágio presente, em que o homem, ser imperfeito, mortal, luta por evoluir na direção de um estágio superior, de pureza e perfeição. Os adeptos da doutrina, seguindo os ensinamentos de seu

---

 *Idem, p. 68.

fundador, Christian Rosenkreuz, parecem atuar na expectativa e na esperança dessa promessa de vida plena, que viria redimi-los da provação e da decadência presentes. Temos aí, portanto, um forte ingrediente messiânico, semelhante ao da tradição bíblica e ao do sebastianismo ortodoxo: a promessa de felicidade, a ser cumprida caso o homem passe pela dura prova à qual está sendo submetido.

Segundo a primitiva crença sebastianista, a realização dessa promessa aconteceria de cima para baixo, por obra do sobrenatural: D. Sebastião regressaria, do além, para conceder felicidade plena e vida eterna a seus fiéis seguidores. Vimos que, para Fernando Pessoa, não é bem assim. Para o poeta, D. Sebastião é só uma metáfora; a evolução para esse estágio superior acontecerá de dentro para fora (outra vez voltamos à idéia básica da potencialidade), e esse estágio superior, não obstante seja associado, por analogia, ao mito, ao divino e ao sobrenatural, não se situa do lado de lá, mas dentro de cada um, latente, adormecido.

Assim também no plano rosacruz, de acordo com o qual os homens, "portadores da imagem divina [...] poderão tornar-se semelhantes aos deuses" pelo aperfeiçoamento constante da sua "faculdade de raciocínio". Por isso, a "alma-núcleo" abriga a "Rosa do Coração, inativa ou adormecida". Conforme o nome sugere, a "rosa", símbolo-chave do rosacrucianismo, designa a essência do ser, ao passo que a "cruz" e o "coração" remetem para a figura de Cristo. (No escudo português, as quinas representam as chagas de Cristo, e estão dispostas em forma de cruz.) Mas esse conjunto de símbolos, não é demais repetir, descreve metaforicamente a *potencialidade* do ser humano, aquilo que está contido no próprio homem, à espera de se desenvolver. Do modo como aparecem em *Mensagem*, trata-se de símbolos gerais e não de referências nominais a qualquer seita esotérica. É esse o sentido que podemos atribuir ao também enigmático poema "O Encoberto" (quinto poema da seção "Os símbolos", terceira parte), o mais rosacruciano de *Mensagem*:

> Que símbolo fecundo
> Vem na aurora ansiosa?
> Na Cruz Morta do Mundo
> A Vida, que é a Rosa.
>
> Que símbolo divino
> Traz o dia já visto?
> Na Cruz, que é o Destino,
> A Rosa, que é o Cristo.
>
> Que símbolo final
> Mostra o sol já desperto?
> Na Cruz morta e fatal
> A Rosa do Encoberto.

Se a idéia-chave de auto-aperfeiçoamento pode ser lida em dimensão pessoal, referida aos anseios e projetos de cada indivíduo, a Fernando Pessoa o que importa é sua projeção no plano coletivo: Portugal é que está adormecido, mergulhado na "apagada e vil tristeza" já detectada por Camões, e é a nação toda que deve despertar e seguir no encalço do seu renascimento. Para o poeta, o sinal indiscutível de que esse novo renascimento se avizinha é dado pela certeza de que o quarto império, a Europa, isto é, toda a civilização moderna, oriunda da Cristandade, atingiu a máxima decadência a que podia chegar:

Ninguém sabe que coisa quer.
Ninguém conhece que alma tem,
Nem o que é mal nem o que é bem.
(Que ânsia distante perto chora?)
Tudo é incerto e derradeiro.
Tudo é disperso, nada é inteiro.

Mensagem está longe de ser um poema épico na acepção convencional. Só na superfície, a exaltação e o orgulho patrióticos, que efetivamente existem no livro, assim como a valorização dos feitos nacionais, poderiam ser vinculados às antigas conquistas da expansão marítima, ou às ainda mais antigas lutas pelo domínio e expansão territorial, contra mouros e castelhanos. A ênfase da epopéia pessoana recai na decadência e não em alguma suposta grandeza já obtida; a verdadeira glória de Portugal não estaria no que a nação já tenha realizado, mas no que fica por realizar: "Nós, Portugal, o poder ser." O "nacionalismo místico" e o "sebastianismo racional" de Fernando Pessoa levam-no a divisar no futuro e na Utopia, e não no passado, a grandeza de Portugal. Com isso, o esoterismo, de que examinamos apenas a vertente rosacruz e o sebastianismo, não constitui mero elemento ornamental, mas integra a estrutura íntima da obra, quer enquanto ingrediente essencial de uma concepção profética e messiânica, quer enquanto fonte de imagens e metáforas que harmoniosamente se articulam àquelas oriundas do brasão heráldico, e outras, para compor a intrigante rede de símbolos que é *Mensagem*.

Mais do que obra de cunho "nacionalista" (só uma leitura facciosa o reduziria a essa dimensão), o livro tão ciosamente elaborado ao longo de toda a vida por Pessoa contém uma dimensão exemplarmente universal, centrada na idéia-motriz da condição humana como virtualidade essencial ou potencialidade ilimitada. O que o poeta nos transmite, enfim, é uma generosa visão heróica do homem moderno, perplexo em face do generalizado esvaziamento de valores em seu redor, mas que obstinadamente se recusa à acomodação e está disposto a sacrificar sua possível cota de prazeres e satisfações pessoais, pelo sonho utópico de uma Fraternidade Universal, como a anunciada pela doutrina rosacruz, ou pelo sonho de um mundo mais humano, nas palavras do próprio poeta:

> Não conto gozar a minha vida; nem em gozá-la penso. Só quero torná-la grande, ainda que para isso tenha de ser o meu corpo e a minha alma a lenha desse fogo. / Só quero torná-la de toda a humanidade, ainda que para isso a tenha de perder como minha. / Cada vez mais assim penso. Cada vez mais ponho na essência anímica do meu sangue o propósito impessoal de engrandecer a pátria e contribuir para a evolução da humanidade.*

 *F. Pessoa, *Obra poética*, ed. cit., p. XII.

Mensagem

BENEDICTUS DOMINUS DEUS
NOSTER QUI DEDIT NOBIS
*SIGNUM**

*Bendito Deus Nosso Senhor que nos deu o sinal.

Primeira Parte

Brasão

*BELLUM SINE BELLO**

*Guerra sem guerra.

I
Os campos*

Campos: espaços delimitados por uma cor, um material ou uma textura, onde se inscrevem, no brasão, os seus elementos-símbolos representativos. No caso do brasão português, os campos são dois: o externo, "O dos castelos", e o interno, "O das quinas". Aqueles representam a proteção militar da nação; estes, o espírito religioso, cristão, que deu origem a Portugal.

PRIMEIRO

O dos castelos

A Europa jaz, posta nos cotovelos:
De Oriente a Ocidente jaz, fitando,
E toldam-lhe românticos cabelos
Olhos gregos, lembrando.

O cotovelo esquerdo é recuado;
O direito é em ângulo disposto.
Aquele diz Itália onde é pousado;
Este diz Inglaterra onde, afastado,
A mão sustenta, em que se apóia o rosto.

Fita, com olhar esfíngico* e fatal,
O Ocidente, futuro do passado.

O rosto com que fita é Portugal.

**Esfíngico*: relativo à esfinge, entidade mitológica na Grécia antiga, com corpo, garras e cauda de leão, cabeça de mulher e asas de águia.

O das quinas*

Os Deuses vendem quando dão.
Compra-se a glória com desgraça.
Ai dos felizes, porque são
Só o que passa!

Baste a quem baste o que lhe basta
O bastante de lhe bastar!
A vida é breve, a alma é vasta:
Ter é tardar.

Foi com desgraça e com vileza
Que Deus ao Cristo definiu:
Assim o opôs à Natureza
E Filho o ungiu.

**Quinas*: pequenos losangos vermelhos, dispostos em forma de cruz, no interior da bandeira e do brasão de Portugal. Representam as chagas de Cristo.

II
Os castelos

PRIMEIRO

Ulisses*

O mito é o nada que é tudo.
O mesmo sol que abre os céus
É um mito brilhante e mudo –
O corpo morto de Deus,
Vivo e desnudo.

Este, que aqui aportou,
Foi por não ser existindo.
Sem existir nos bastou.
Por não ter vindo foi vindo
E nos criou.

Assim a lenda se escorre
A entrar na realidade,
E a fecundá-la decorre.
Em baixo, a vida, metade
De nada, morre.

**Ulisses*: herói da *Ilíada* e da *Odisséia*, de Homero. Segundo a lenda, teria sido o fundador de Lisboa, a quem deu o nome. A designação antiga da cidade, Olisipo, seria derivada de Ulisses + pona [= boa], a cidade de Ulisses.

Viriato*

Se a alma que sente e faz conhece
Só porque lembra o que esqueceu,
Vivemos, raça, porque houvesse
Memória em nós do instinto teu.

Nação porque reencarnaste,
Povo porque ressuscitou
Ou tu, ou o de que eras a haste –
Assim se Portugal formou.

Teu ser é como aquela fria
Luz que precede a madrugada,
E é já o ir a haver o dia
Na antemanhã, confuso nada.

***Viriato*: pastor montanhês, lutou sob as ordens de Hermínio, chefe da resistência lusitana (dos lusos, antigos habitantes da península Ibérica, de quem os portugueses adotaram o nome), na época da invasão romana. Traído por oficiais subornados pelo invasor, foi assassinado em 140 a.C. Considerado uma espécie de proto-herói português.

TERCEIRO

O conde D. Henrique*

Todo começo é involuntário.
Deus é o agente,
O herói a si assiste, vário
E inconsciente.

À espada em tuas mãos achada
Teu olhar desce.
"Que farei eu com esta espada?"

Ergueste-a, e fez-se.

Conde D. Henrique (1057-1114): nobre e militar francês, natural de Borgonha, alistou-se em 1086 no exército de Afonso VI, rei de Leão e Castela, para guerrear contra os mouros. Casou-se com Teresa, ou Tareja, filha bastarda desse rei, e em 1093 foi nomeado governador do condado de Portucale, embrião do que viria a ser Portugal.

QUARTO

D. Tareja*

As nações todas são mistérios.
Cada uma é todo o mundo a sós.
Ó mãe de reis e avó de impérios,
Vela por nós!

Teu seio augusto amamentou
Com bruta e natural certeza
O que, imprevisto, Deus fadou.
Por ele reza!

Dê tua prece outro destino
A quem fadou o instinto teu!
O homem que foi o teu menino
Envelheceu.

Mas todo vivo é eterno infante
Onde estás e não há o dia.
No antigo seio, vigilante,
De novo o cria!

**D. Tareja* (1091-1130): regente do condado de Portucale, após a morte do marido, o conde D. Henrique de Borgonha. Ambicionou governar sozinha, mas teve contra si o restante da corte e seu próprio filho, Afonso Henriques.

QUINTO

D. Afonso Henriques*

Pai, foste cavaleiro.
Hoje a vigília é nossa.
Dá-nos o exemplo inteiro
E a tua inteira força!

Dá, contra a hora em que, errada,
Novos infiéis vençam,
A bênção como espada,
A espada como bênção!

**D. Afonso Henriques* (1111-1185): filho de Henrique de Borgonha e de D. Tareja, cognominado o Conquistador, empenhou-se em sucessivas batalhas contra os leoneses e os mouros. Segundo a lenda, Cristo apareceu-lhe em visão às vésperas da batalha de Ourique (1139), que deu origem a Portugal. A visão foi inscrita no primeiro escudo de armas português, na forma das cinco quinas, que representam as chagas de Cristo. Foi reconhecido como rei de Portugal pelo tratado de Samora, de 1143, com os leoneses.

SEXTO

D. Dinis*

Na noite escreve um seu Cantar de Amigo
O plantador de naus a haver,**
E ouve um silêncio múrmuro consigo:
É o rumor dos pinhais que, como um trigo
De Império, ondulam sem se poder ver.

Arroio, esse cantar, jovem e puro,
Busca o oceano por achar;
E a fala dos pinhais, marulho obscuro,
É o som presente desse mar futuro,
É a voz da terra ansiando pelo mar.

**D. Dinis* (1261-1325): sexto rei de Portugal, filho de Afonso II e Beatriz de Castela, fundou a primeira universidade portuguesa, em Lisboa (1290), depois transferida para Coimbra (1307). Deu grande impulso à agricultura e às letras, tornando-se ele próprio um dos principais trovadores. Conhecido como o Lavrador e como o Trovador.

**Graças ao incentivo que dedicou à agricultura, nos séculos XIII e XIV, D. Dinis é involuntariamente responsável pela matéria-prima com que seriam fabricadas as caravelas portuguesas, na época dos descobrimentos. Por isso é "plantador de naus a haver".

D. João, o Primeiro*

O homem e a hora são um só
Quando Deus faz e a história é feita.
O mais é carne, cujo pó
A terra espreita.

Mestre, sem o saber, do Templo
Que Portugal foi feito ser,
Que houveste a glória e deste o exemplo
De o defender.

Teu nome, eleito em sua fama,
É, na ara da nossa alma interna,
A que repele, eterna chama,
A sombra eterna.

**D. João, o Primeiro* (1357-1433): filho bastardo de D. Pedro I, de Borgonha, e de Teresa Lourenço. Lutou contra D. Leonor Teles, viúva de D. Fernando de Borgonha, que pretendia anexar Portugal a Castela e tornou-se o décimo rei de Portugal, conhecido como o Mestre de Avis, cuja dinastia foi por ele fundada. Subiu ao trono em 1385, após a vitoriosa batalha de Aljubarrota, contra os espanhóis. Em seu reinado tem início a expansão marítima, com a tomada de Ceuta, em 1415.

SÉTIMO (II)

D. Filipa de Lencastre*

Que enigma havia em teu seio
Que só gênios concebia?
Que arcanjo teus sonhos veio
Velar, maternos, um dia?

Volve a nós teu rosto sério,
Princesa do Santo Gral,**
Humano ventre do Império,
Madrinha de Portugal!

**D. Filipa de Lencastre* (1359-1415): filha do duque de Lencastre, casou-se com D. João I, o Mestre de Avis, de quem teve vários filhos, todos altamente dotados, conhecidos como a "ínclita geração". Foi modelo de virtudes domésticas e grande educadora.

***Santo Gral* ou *Graal*: vaso de esmeraldas em que José de Arimatéia teria colhido o sangue de Cristo, na cruz. Lendas medievais, célticas, ligadas à Távola Redonda do rei Artur, falam dos esforços dos cavaleiros por encontrar o Santo Vaso (*A demanda do Santo Graal*), tornado símbolo da Eucaristia.

III
As quinas

D. Duarte,
rei de Portugal*

Meu dever fez-me, como Deus ao mundo.
A regra de ser Rei almou meu ser,
Em dia e letra escrupuloso e fundo.

Firme em minha tristeza, tal vivi.
Cumpri contra o Destino o meu dever.
Inutilmente? Não, porque o cumpri.

**D. Duarte* (1391-1438): conhecido como O Eloqüente, é o primogênito de D. João I, a quem sucedeu no trono, em 1433. Dedicou-se às letras (*O leal conselheiro*). Teve um reinado breve e infeliz, sendo vitimado pela peste, em Tomar.

D. Fernando, infante de Portugal*

Deu-me Deus o seu gládio porque eu faça
A sua santa guerra.
Sagrou-me seu em honra e em desgraça,
Às horas em que um frio vento passa
Por sobre a fria terra.

Pôs-me as mãos sobre os ombros e doirou-me
A fronte com o olhar;
E esta febre de Além, que me consome,
E este querer grandeza são seu nome
Dentro em mim a vibrar.

E eu vou, e a luz do gládio erguido dá
Em minha face calma.
Cheio de Deus, não temo o que virá,
Pois, venha o que vier, nunca será
Maior do que a minha alma.

**D. Fernando, infante de Portugal* (1402-1443): tomado como refém pelos mouros, em Ceuta, foi lá torturado e morto, porque o rei. D. Duarte, seu irmão, se recusou a devolver Ceuta aos inimigos.

D. Pedro, regente de Portugal*

Claro em pensar, e claro no sentir,
É claro no querer;
Indiferente ao que há em conseguir
Que seja só obter;
Dúplice dono, sem me dividir,
De dever e de ser –

Não me podia a Sorte dar guarida
Por não ser eu dos seus.
Assim vivi, assim morri, a vida,
Calmo sob mudos céus,
Fiel à palavra dada e à idéia tida.
Tudo mais é com Deus!

**D. Pedro, regente de Portugal* (1392-1449): quarto filho de D. João I, foi regente do reino, de 1439 a 1446, durante a minoridade de D. Afonso V. Culto, é autor do *Livro da virtuosa benfeitoria*. Espírito de estadista, cuidou da política marítima, atendendo aos interesses da burguesia. Vítima de intrigas das casas senhoriais, apesar de fiel ao rei, foi coagido a bater-se com este. Morreu em Alfarrobeira.

D. João, infante de Portugal*

Não fui alguém. Minha alma estava estreita
Entre tão grandes almas minhas pares,
Inutilmente eleita,
Virgemente parada;

Porque é do português, pai de amplos mares,
Querer, poder só isto:
O inteiro mar, ou a orla vã desfeita –
O todo, ou o seu nada.

**D. João, infante de Portugal* (1400-1442): sétimo filho de D. João I, o Mestre de Avis, exerceu cargos ligados à Ordem de Sant'Iago e à Igreja. Foi contrário às campanhas militares no norte da África, em Fez e Tânger, ordenadas pelo rei D. Duarte, seu irmão.

D. Sebastião, rei de Portugal*

Louco, sim, louco, porque quis grandeza
Qual a Sorte a não dá.
Não coube em mim minha certeza;
Por isso onde o areal está
Ficou meu ser que houve, não o que há.

Minha loucura, outros que me a tomem
Com o que nela ia.
Sem a loucura que é o homem
Mais que a besta sadia,
Cadáver adiado que procria?

**D. Sebastião* (1554-1578): filho do príncipe D. João e neto de D. João III. Com a morte deste, foi declarado maior e subiu ao trono, em 1568. Realizou uma primeira expedição africana, a Tânger e Ceuta, em 1573, e em seguida arremeteu conta Abd al-Malik, no norte da África, vindo a desaparecer na batalha de Alcácer-Quibir, em 1578.

IV
A coroa*

Coroa: símbolo mais ou menos óbvio dos ornamentos de armaria e escudos heráldicos, representa realeza e soberania.

Nun'Álvares Pereira*

Que auréola te cerca?
É a espada que, volteando,
Faz que o ar alto perca
Seu azul negro e brando.

Mas que espada é que, erguida,
Faz esse halo no céu?
É Excalibur, a ungida,**
Que o Rei Artur te deu.***

'Sperança consumada,
S. Portugal em ser,****
Ergue a luz da tua espada
Para a estrada se ver!

**Nun' Álvares Pereira* (1360-1431): conhecido como o Santo Condestável, foi escudeiro de D. Leonor Teles. Notabilizou-se pela bravura em batalhas contra os castelhanos e foi o mais fiel servidor do Mestre de Avis, de quem recebeu o título de Dom. Após a tomada de Ceuta, de que participou, renunciou a títulos e cargos, distribuiu os seus bens e se recolheu ao convento do Carmo, que ele mesmo fundara. Foi beatificado em 1918.

***Excalibur*: elemento constante das lendas em torno do rei Artur e os cavaleiros da Távola Redonda, designa a espada mágica fincada numa pedra, desde tempos imemoriais, e que só cavaleiros realmente puros seriam de arrancar e manejar.

****Rei Artur*: figura das lendas célticas, teria vivido na antiga Bretanha, no século VI. Forneceu, com suas proezas espantosas, e as dos cavaleiros, a matéria-prima das novelas de cavalaria do caminho do chamado ciclo bretão ou arturiano.

*****S. Portugal*: São Portugal.

V
O timbre*

** Timbre*: insígnia ou dispositivo que se sobrepõe a um brasão, para representar ação gloriosa e enobrecedora.

O infante D. Henrique*

Em seu trono entre o brilho das esferas,
Com seu manto de noite e solidão,
Tem aos pés o mar novo e as mortas eras –
O único imperador que tem, deveras,
O globo mundo em sua mão.

**Infante D. Henrique* (1934-1460): filho de D. João I, o Mestre de Avis, é conhecido como o Navegador. Participou da tomada de Ceuta e empenhou-se a fundo na expansão marítima. Teria sido o fundador, em Sagres, de uma escola de navegação, dotada de observatório astronômico e estaleiros.

D. João, o Segundo*

Braços cruzados, fita além do mar.
Parece em promontório uma alta serra –
O limite da terra a dominar
O mar que possa haver além da terra.

Seu formidável vulto solitário
Enche de estar presente o mar e o céu.
E parece temer o mundo vário
Que ele abra os braços e lhe rasgue o véu.

**D. João, o Segundo* (1455-1495): décimo terceiro rei de Portugal, filho de Afonso V, depois de superar várias conspirações que pretendiam depô-lo, dedicou-se a continuar a obra do infante D. Henrique, com grande êxito. Cognominado Príncipe Perfeito.

Afonso de Albuquerque*

De pé, sobre os países conquistados
Desce os olhos cansados
De ver o mundo e a injustiça e a sorte.
Não pensa em vida ou morte,
Tão poderoso que não quer o quanto
Pode, que o querer tanto
Calcara mais do que o submisso mundo
Sob o seu passo fundo.
Três impérios do chão lhe a Sorte apanha.
Criou-os como quem desdenha.

**Afonso de Albuquerque* (1435-1515): assumiu o vice-reinado da Índia, em 1590, e planejou fundar um imenso império português no Oriente. Conquistou Ormuz, Goa e Málaca, fazendo-se respeitado e temido.

Segunda Parte
Mar português

*POSSESSIO MARIS**

*A posse do mar.

I

O infante*

Deus quer, o homem sonha, a obra nasce.
Deus quis que a terra fosse toda uma,
Que o mar unisse, já não separasse.
Sagrou-te, e foste desvendando a espuma,

E a orla branca foi de ilha em continente,
Clareou, correndo, até ao fim do mundo,
E viu-se a terra inteira, de repente,
Surgir, redonda, do azul profundo.

Quem te sagrou criou-te português.
Do mar e nós em ti nos deu sinal.
Cumpriu-se o Mar, e o Império se desfez.
Senhor, falta cumprir-se Portugal!

**O infante*: Infante D. Henrique.

II

Horizonte

Ó mar anterior a nós, teus medos
Tinham coral e praias e arvoredos.
Desvendadas a noite e a cerração,
As tormentas passadas e o mistério,
Abria em flor o Longe, e o Sul sidério
'Splendia sobre as naus da iniciação.

Linha severa da longínqua costa –
Quando a nau se aproxima ergue-se a encosta
Em árvores onde o Longe nada tinha;
Mais perto, abre-se a terra em sons e cores:
E, no desembarcar, há aves, flores,
Onde era só de longe a abstrata linha.

O sonho é ver as formas invisíveis
Da distância imprecisa, e, com sensíveis
Movimentos da esp'rança e da vontade,
Buscar na linha fria do horizonte
A árvore, a praia, a flor, a ave, a fonte –
Os beijos merecidos da Verdade.

III

Padrão*

O esforço é grande e o homem é pequeno.
Eu, Diogo Cão,** navegador, deixei
Este padrão ao pé do areal moreno
E para diante naveguei.

A alma é divina e a obra é imperfeita.
Este padrão sinala ao vento e aos céus
Que, da obra ousada, é minha a parte feita:
O por-fazer é só com Deus.

E ao imenso e possível oceano
Ensinam estas Quinas, que aqui vês,
Que o mar com fim será grego ou romano:
O mar sem fim é português.

E a Cruz ao alto diz que o que me há na alma
E faz a febre em mim de navegar
Só encontrará de Deus na eterna calma
O porto sempre por achar.

**Padrão*: marco, monumento de pedra, que os navegadores portugueses erigiam nos locais conquistados.

***Diogo Cão*: navegador. De suas expedições a Mina, Zaire e Congo, entre 1482 e 1484, por ordem de D. João II, resultaram os conhecimentos que permitiram a grande viagem de Vasco da Gama às Índias.

IV

O mostrengo

O mostrengo que está no fim do mar
Na noite de breu ergueu-se a voar;
À roda da nau voou três vezes,
Voou três vezes a chiar,
E disse: "Quem é que ousou entrar
Nas minhas cavernas que não desvendo,
Meus tetos negros do fim do mundo?"
E o homem do leme disse, tremendo:
"El-Rei D. João Segundo!"

"De quem são as velas onde me roço?
De quem as quilhas que vejo e ouço?"
Disse o mostrengo, e rodou três vezes,
Três vezes rodou imundo e grosso,
"Quem vem poder o que só eu posso,
Que moro onde nunca ninguém me visse
E escorro os medos do mar sem fundo?"
E o homem do leme tremeu, e disse:
"El-Rei D. João Segundo!"

Três vezes do leme as mãos ergueu,
Três vezes ao leme as reprendeu,
E disse no fim de tremer três vezes:
"Aqui ao leme sou mais do que eu:
Sou um Povo que quer o mar que é teu;
E mais que o mostrengo, que me a alma teme
E roda nas trevas do fim do mundo,
Manda a vontade, que me ata ao leme,
De El-Rei D. João Segundo!"

V

Epitáfio de Bartolomeu Dias*

Jaz aqui, na pequena praia extrema,
O Capitão do Fim. Dobrado o Assombro,
O mar é o mesmo: já ninguém o tema!
Atlas,** mostra alto o mundo no seu ombro.

**Bartolomeu Dias*: navegador, enviado em 1486, por D. João II, no mesmo rumo de Diogo Cão, descobriu o que chamou de cabo das Tormentas (depois rebatizado pelo mesmo D. João II como cabo da Boa Esperança), no externo sul da África. Acompanhou Cabral na descoberta do Brasil e naufragou, a caminho das Índias, nas proximidades do cabo que descobrira.

***Atlas*: gigante da mitologia grega, condenado por Zeus a sustentar o mundo sobre os ombros.

VI

Os colombos

Outros haverão de ter
O que houvermos de perder.
Outros poderão achar
O que, no nosso encontrar,
Foi achado, ou não achado,
Segundo o destino dado.

Mas o que a eles não toca
É a Magia que evoca
O Longe e faz dele história.
E por isso a sua glória
É justa auréola dada
Por uma luz emprestada.

VII

Ocidente

Com duas mãos – o Ato e o Destino –
Desvendamos. No mesmo gesto, ao céu
Uma ergue o facho trêmulo e divino
E a outra afasta o véu.

Fosse a hora que haver ou a que havia
A mão que ao Ocidente o véu rasgou,
Foi alma a Ciência e corpo a Ousadia
Da mão que desvendou.

Fosse Acaso, ou Vontade, ou Temporal
A mão que ergueu o facho que luziu,
Foi Deus a alma e o corpo Portugal
Da mão que o conduziu.

VIII

Fernão de Magalhães*

No vale clareia uma fogueira.
Uma dança sacode a terra inteira.
E sombras disformes e descompostas
Em clarões negros do vale vão
Subitamente pelas encostas,
Indo perder-se na escuridão.

De quem é a dança que a noite aterra?
São os Titãs,** os filhos da Terra,
Que dançam da morte do marinheiro
Que quis cingir o materno vulto –
Cingi-lo, dos homens, o primeiro –,
Na praia ao longe por fim sepulto.

Dançam, nem sabem que a alma ousada
Do morto ainda comanda a armada,
Pulso sem corpo ao leme a guiar
As naus no resto do fim do espaço:
Que até ausente soube cercar
A terra inteira com seu abraço.

**Fernão de Magalhães*: navegador. Partiu em 1519 na direção do Ocidente, chegou ao Rio de Janeiro e seguiu viagem rumo ao sul, vindo a atingir o Pacífico, através do estreito que ganhou o seu nome. Foi o primeiro a circunavegar o globo.

***Titãs*: gigantes da mitologia grega.

Violou a Terra. Mas eles não
O sabem, e dançam na solidão;
E sombras disformes e descompostas,
Indo perder-se nos horizontes,
Galgam do vale pelas encostas
Dos mudos montes.

IX

Ascensão de Vasco da Gama*

Os Deuses da tormenta e os gigantes da terra
Suspendem de repente o ódio da sua guerra
E pasmam. Pelo vale onde se ascende aos céus
Surge um silêncio, e vai, da névoa ondeando os véus,
Primeiro um movimento e depois um assombro.
Ladeiam-no, ao durar, os medos, ombro a ombro,
E ao longe o rastro ruge em nuvens e clarões.

Em baixo, onde a terra é, o pastor gela, e a flauta
Cai-lhe, e em êxtase vê, à luz de mil trovões,
O céu abrir o abismo à alma do Argonauta.**

---

*_Vasco da Gama_: o mais célebre dos navegadores portugueses, comandou a frota que deixou o Tejo em 1497, a mando de D. Manuel, e, cerca de um ano depois, completou a primeira viagem marítima às Índias.
**_Argonauta_: cada um dos heróis gregos lendários, que viajaram na nau _Argos_, em busca do velocino de ouro.

X

Mar português

Ó mar salgado, quanto do teu sal
São lágrimas de Portugal!
Por te cruzarmos, quantas mães choraram,
Quantos filhos em vão rezaram!
Quantas noivas ficaram por casar
Para que fosses nosso, ó mar!

Valeu a pena? Tudo vale a pena
Se a alma não é pequena.
Quem quer passar além do Bojador*
Tem que passar além da dor.
Deus ao mar o perigo e o abismo deu,
Mas nele é que espelhou o céu.

**Bojador*: cabo da costa ocidental da África, a noroeste do deserto do Saara, que foi durante anos o limite das navegações. Gil Eanes o ultrapassou em 1434.

XI

A última nau

Levando a bordo El-Rei D. Sebastião,
E erguendo, como um nome, alto o pendão
Do Império,
Foi-se a última nau, ao sol aziago
Erma, e entre choros de ânsia e de pressago
Mistério.

Não voltou mais. A que ilha indescoberta
Aportou? Voltará da sorte incerta
Que teve?
Deus guarda o corpo e a forma do futuro,
Mas Sua luz projeta-o, sonho escuro
E breve.

Ah, quanto mais ao povo a alma falta,
Mais a minha alma atlântica se exalta
E entorna,
E em mim, num mar que não tem tempo ou 'spaço,
Vejo entre a cerração teu vulto baço
Que torna.

Não sei a hora, mas sei que há a hora,
Demore-a Deus, chame-lhe a alma embora
Mistério.
Surges ao sol em mim, e a névoa finda:
A mesma, e trazes o pendão ainda
Do Império.

XII

Prece

Senhor, a noite veio e a alma é vil.
Tanta foi a tormenta e a vontade!
Restam-nos hoje, no silêncio hostil,
O mar universal e a saudade.

Mas a chama, que a vida em nós criou,
Se ainda há vida ainda não é finda.
O frio morto em cinzas a ocultou:
A mão do vento pode erguê-la ainda.

Dá o sopro, a aragem – ou desgraça ou ânsia –,
Com que a chama do esforço se remoça,
E outra vez conquistemos a Distância –
Do mar ou outra, mas que seja nossa!

Terceira Parte
O Encoberto

*PAX IN EXCELSIS**

*Paz nas alturas.

I
Os símbolos

PRIMEIRO

D. Sebastião

'Sperai! Cai no areal e na hora adversa
Que Deus concede aos seus
Para o intervalo em que esteja a alma imersa
Em sonhos que são Deus.

Que importa o areal e a morte e a desventura
Se com Deus me guardei?
É O que eu me sonhei que eterno dura,
É Esse que regressarei.

SEGUNDO

O Quinto Império*

Triste de quem vive em casa,
Contente com o seu lar,
Sem que um sonho, no erguer de asa,
Faça até mais rubra a brasa
Da lareira a abandonar!

Triste de quem é feliz!
Vive porque a vida dura.
Nada na alma lhe diz
Mais que a lição da raiz –
Ter por vida a sepultura.

Eras sobre eras se somem
No tempo que em eras vem.
Ser descontente é ser homem.
Que as forças cegas se domem
Pela visão que a alma tem!

**Quinto Império*: mencionado, originalmente, nas profecias de Daniel, que faz referência a um sonho em que Nabucodonosor viu uma estátua gigantesca, formada por cabeça de ouro, peito de prata, ventre de bronze, pés de ferro e uma pedra enorme rolando de alto a baixo. Na interpretação do profeta, Nabucodonosor teria sonhado com a representação simbólica dos quatro impérios conhecidos pela humanidade: Babilônia, ouro; Pérsia, prata; Grécia, bronze; Roma, ferro. A esses quatro impérios se seguirá o império definitivo de Cristo na Terra, o Quinto Império. Padre Antônio Vieira é o primeiro a associar essa profecia às visões sebastianistas do sapateiro Bandarra: Cristo e D. Sebastião irmanados, para que o Quinto Império seja ao mesmo tempo português e universal.

E assim, passados os quatro
Tempos do ser que sonhou,
A terra será teatro
Do dia claro, que no atro
Da erma noite começou.

Grécia, Roma, Cristandade,
Europa – os quatro se vão
Para onde vai toda idade.
Quem vem viver a verdade
Que morreu D. Sebastião?

TERCEIRO

O Desejado

Onde quer que, entre sombras e dizeres,
Jazas, remoto, sente-te sonhado,
E ergue-te do fundo de não-seres
Para teu novo fado!

Vem, Galaaz* com pátria, erguer de novo,
Mas já no auge da suprema prova,
A alma penitente do teu povo
À Eucaristia Nova.

Mestre da Paz, ergue teu gládio ungido,
Excalibur do Fim, em jeito tal
Que sua Luz ao mundo dividido
Revele o Santo Gral!

**Galaaz ou Galaad*: terceiro irmão do rei Artur, um dos heróis da Távola Redonda, é o cavaleiro sem mácula, que por isso teve o privilégio de encontrar o Santo Gral.

QUARTO

As ilhas afortunadas

Que voz vem no som das ondas
Que não é a voz do mar?
É a voz de alguém que nos fala,
Mas que, se escutamos, cala,
Por ter havido escutar.

E só se, meio dormindo,
Sem saber de ouvir ouvimos,
Que ela nos diz a esperança
A que, como uma criança
Dormente, a dormir sorrimos.

São ilhas afortunadas,
São terras sem ter lugar,
Onde o Rei mora esperando.
Mas, se vamos despertando,
Cala a voz, e há só o mar.

QUINTO

O Encoberto

Que símbolo fecundo
Vem na aurora ansiosa?
Na Cruz Morta do Mundo
A Vida, que é a Rosa.

Que símbolo divino
Traz o dia já visto?
Na Cruz, que é o Destino,
A Rosa, que é o Cristo.

Que símbolo final
Mostra o sol já desperto?
Na Cruz morta e fatal
A Rosa do Encoberto.

II
Os avisos

PRIMEIRO

O Bandarra*

Sonhava, anônimo e disperso,
O Império por Deus mesmo visto,
Confuso como o Universo
E plebeu como Jesus Cristo.

Não foi nem santo nem herói,
Mas Deus sagrou com Seu sinal
Este, cujo coração foi
Não português mas Portugal.

**Bandarra*: Gonçalo Eanes de Bandarra, natural de Trancoso, concelho da Guarda, sapateiro humilde e poeta popular. É autor de trovas de sentido obscuro, que profetizam graves eventos políticos e, segundo muitos, a volta de D. Sebastião. Essas trovas, de meados do século XVI, estão na origem do mito sebastianista.

Antônio Vieira*

O céu 'strela o azul e tem grandeza.
Este, que teve a fama e à glória tem,
Imperador da língua portuguesa,
Foi-nos um céu também.

No imenso espaço seu de meditar,
Constelado de forma e de visão,
Surge, prenúncio claro do luar,
El-Rei D. Sebastião.

Mas não, não é luar: é luz do etéreo.
É um dia; e, no céu amplo de desejo,
A madrugada irreal do Quinto Império
Doira as margens do Tejo.

**Antônio Vieira*: pregador jesuíta, ministro de D. João IV, empenhado na política da "Restauração", de 1640 (fim do domínio espanhol) em diante. Interessa à *Mensagem* principalmente como adepto do sebastianismo.

TERCEIRO

'Screvo meu livro à beira-mágoa.
Meu coração não tem que ter.
Tenho meus olhos quentes de água.
Só tu, Senhor, me dás viver.

Só te sentir e te pensar
Meus dias vácuos enche e doura.
Mas quando quererás voltar?
Quando é o Rei? Quando é a Hora?

Quando virás a ser o Cristo
De a quem morreu o falso Deus,
E a despertar do mal que existo
A Nova Terra e os Novos Céus?

Quando virás, ó Encoberto,
Sonho das eras português,
Tornar-me mais que o sopro incerto
De um grande anseio que Deus fez?

Ah, quando quererás, voltando.
Fazer minha esperança amor?
Da névoa e da saudade quando?
Quando, meu Sonho e meu Senhor?

III
Os tempos

PRIMEIRO

Noite

A nau de um deles tinha-se perdido
No mar indefinido.
O segundo pediu licença ao Rei
De, na fé e na lei
Da descoberta, ir em procura
Do irmão no mar sem fim e a névoa escura.

Tempo foi. Nem primeiro nem segundo
Volveu do fim profundo
Do mar ignoto à pátria por quem dera
O enigma que fizera.
Então o terceiro a El-Rei rogou
Licença de os buscar, e El-Rei negou.

*

Como a um cativo, o ouvem a passar
Os servos do solar.
E, quando o vêem, vêem a figura
Da febre e da amargura,
Com fixos olhos rasos de ânsia
Fitando a proibida azul distância.

*

Senhor, os dois irmãos do nosso Nome
O Poder e o Renome –
Ambos se foram pelo mar da idade

À tua eternidade;
E com eles de nós se foi
O que faz a alma poder ser de herói.

Queremos ir buscá-los, desta vil
Nossa prisão servil:
É a busca de quem somos, na distância
De nós; e, em febre de ânsia,
A Deus as mãos alçamos.

Mas Deus não dá licença que partamos.

SEGUNDO

Tormenta

Que jaz no abismo sob o mar que se ergue?
Nós, Portugal, o poder ser.
Que inquietação do fundo nos soergue?
O desejar poder querer.

Isto, e o mistério de que a noite é o fausto...
Mas súbito, onde o vento ruge,
O relâmpago, farol de Deus, um hausto
Brilha, e o mar 'scuro 'struge.

TERCEIRO

Calma

Que costa é que as ondas contam
E se não pode encontrar
Por mais naus que haja no mar?
O que é que as ondas encontram
E nunca se vê surgindo?
Este som de o mar praiar
Onde é que está existindo?

Ilha próxima e remota,
Que nos ouvidos persiste,
Para a vista não existe.
Que nau, que armada, que frota
Pode encontrar o caminho
À praia onde o mar insiste,
Se à vista o mar é sozinho?

Haverá rasgões no espaço
Que dêem para outro lado,
E que, um deles encontrado,
Aqui, onde há só sargaço,
Surja uma ilha velada,
O país afortunado
Que guarda o Rei desterrado
Em sua vida encantada?

QUARTO

Antemanhã

O mostrengo que está no fim do mar
Veio das trevas a procurar
A madrugada do novo dia,
Do novo dia sem acabar;
E disse: "Quem é que dorme a lembrar
Que desvendou o Segundo Mundo,
Nem o Terceiro quer desvendar?"

E o som na treva de ele rodar
Faz mau o sono, triste o sonhar.
Rodou e foi-se o mostrengo servo
Que seu senhor veio aqui buscar.
Que veio aqui seu senhor chamar –
Chamar Aquele que está dormindo
E foi outrora Senhor do Mar.

Nevoeiro

Nem rei nem lei, nem paz nem guerra,
Define com perfil e ser
Este fulgor baço da terra
Que é Portugal a entristecer
Brilho sem luz e sem arder,
Como o que o fogo-fátuo encerra.

Ninguém sabe que coisa quer.
Ninguém conhece que alma tem,
Nem o que é mal nem o que é bem.
(Que ânsia distante perto chora?)
Tudo é incerto e derradeiro.
Tudo é disperso, nada é inteiro.
Ó Portugal, hoje és nevoeiro...

É a hora!

*Valete, Fratres.**

*Valei, irmãos – saudação usual entre os rosacruzes.

Datas dos poemas*

O dos castelos, 8/12/1928
O das quinas, 8/12/1928
Viriato, 22/1/1934
D. Tareja, 24/9/1934
D. Dinis, 9/2/1934
D. João, o primeiro, 12/2/1934
D. Filipa de Lencastre, 26/9/1928
D. Duarte, rei de Portugal, 26/9/1928
D. Fernando, infante de Portugal, 21/7/1913
D. Pedro, regente de Portugal, 15/2/1934
D. João, infante de Portugal, 28/3/1930
D. Sebastião, rei de Portugal, 20/2/1933
Nun'Álvares Pereira, 8/12/1928
O infante D. Henrique, 26/9/1928
D. João, o segundo, 26/9/1928
Afonso de Albuquerque, 26/9/1928
Padrão, 13/9/1918
O monstrengo, 9/9/1918
Os Colombos, 2/4/1934
Ascensão de Vasco da Gama, 10/1/1922
Prece, 3/12/1921; 1/1/1922
O Quinto Império, 21/2/1933

---

*Datas anotadas por Pessoa no seu exemplar da 1ª edição. (*N. do E.*)

O Desejado, 18/1/1934
As ilhas afortunadas, 26/3/1934
O Encoberto, 21/2/1933; 11/2/1934
O Bandarra, 28/3/1930
Antônio Vieira, 31/7/1929
"'*Screvo o meu livro à beira-mágoa*", 10/12/1928
Tormenta, 26/2/1934
Calma, 15/2/1934
Antemanhã, 8/7/1933
Nevoeiro, 10/12/1928

Bibliografia mínima

De Fernando Pessoa

1. *Cartas a Armando Cortes-Rodrigues.* Lisboa, Editorial Inquérito, [1959], 2ª ed. Introdução por Joel Serrão.
2. *Cartas a João Gaspar Simões.* Lisboa, Publicações Europa-América, 1957. Introdução, apêndice e notas do destinatário.
3. *Cartas de amor* [a Ofélia de Queirós]. Lisboa, Ática, 1978. Organização, posfácio e notas de David Mourão Ferreira.
4. *Da República.* Lisboa, Ática, 1978. Introdução e organização de Joel Serrão. ["Associações secretas", artigo, além de vários fragmentos sobre a Maçonaria, pp. 389-424.]
5. *Escritos autobiográficos, automáticos e de reflexão pessoal.* Lisboa, Assírio & Alvim, 2003. Edição e prefácio de Richard Zenith. [Grande quantidade de inéditos, com destaque para os escritos da adolescência e dos primeiros anos de atividade literária, em Portugal.]
6. *Livro do desassossego.* Primeira edição: Lisboa, Ática, 1982, 2 v. Organização de Jacinto do Prado Coelho. Edição revista e ampliada: Campinas, Editora da Unicamp, 1994, 2 v. Organização de Teresa Sobral da Cunha. [Projeto inacabado, assinado primeiro por Vicente Guedes, depois por Bernardo Soares, muitas de suas páginas encontram-se em estado de rascunho; além das

edições mencionadas, há outras, cada qual a critério do seu organizador.]

7. *Mensagem*. Primeira edição: Lisboa, Livraria Antônio Maria Pereira, 1934. Segunda edição: Lisboa, Agência Geral das Colônias, 1941. Terceira edição: Lisboa, Edições Ática, 1945 – Coleção Obras Completas de Fernando Pessoa, vol. V. [Da sexta à nona edição das Edições Ática, a ortografia é adaptada às normas portuguesas, mas a original passa a prevalecer da décima edição em diante.]
8. *Mensagem*. São Paulo, Difel, 1986. Introdução e notas de Carlos Felipe Moisés; 2ª ed. Bertrand Brasil, 1998. [Primeira edição que inclui a explicação sistemática das referências históricas, mitológicas e outras, e em que a ortografia é atualizada.]
9. *Mensagem. Poemas esotéricos*. Madrid, ALLCA XX, 1996, 2ª ed. Edição crítica, coordenada por José Augusto Seabra. [Inclui textos introdutórios de José Augusto Seabra e Maria Aliete Galhoz, uma seção com "Poemas esotéricos", uma coletânea de ensaios, de vários autores, e extensa bibliografia.]
10. *Mensagem*. Rio de Janeiro, 7Letras, 2008. Organização de Cleonice Berardinelli e Maurício Matos. [Edição fiel à ortografia original. Inclui reprodução facsimilar da primeira edição e explicações sobre os vultos históricos.]
11. *Obra poética*. Rio de Janeiro, José Aguilar, 1960. Organização, introdução e notas de Maria Aliete Galhoz. [Reúne em um só volume a poesia até então conhecida, com a inclusão de alguns inéditos. A ortografia é adaptada às normas brasileiras, com exceção da *Mensagem*, na qual se mantém a ortografia original. Inclui iconografia, cronologia e bibliografia. Várias reedições.]
12. *Obras em prosa*. Rio de Janeiro, Aguilar, 1974. Organização, introdução e notas de Cleonice Berardinelli. [Inclui vários textos inéditos até essa data.]

13. *Páginas de doutrina estética*. Lisboa, Editorial Inquérito, 1946. Seleção, prefácio e notas de Jorge de Sena. [Recolha variada de textos críticos, teóricos e auto-interpretativos, e de parte da correspondência literária de Fernando Pessoa.]
14. *Páginas íntimas e de auto-interpretação*. Lisboa, Ática, 1966. Organização e prefácio de Jacinto do Prado Coelho e Georg Rudolf Lind. ["Sobre paganismo, cristianismo e neopaganismo", textos assinados por Ricardo Reis, pelo sub-heterônimo Antônio Mora, outros sem assinatura, sobre o ressurgimento do paganismo no mundo moderno, pp. 219-325; "Explicação de um livro", artigo sobre a *Mensagem*, explicando por que seu sentido ousado incomoda o reacionarismo português, pp. 433-438.]
15. *Sobre Portugal*. Lisboa, Ática, 1978. Introdução e organização de Joel Serrão. ["Quando regressa D. Sebastião" e "Portugal: Quinto Império", ensaios sobre sebastianismo e o Quinto Império, com uma longa análise das trovas de Bandarra, pp. 135-255.]
16. *Textos de crítica e intervenção*. Lisboa, Ática, 1980. ["A nova poesia portuguesa", estréia do autor, em língua portuguesa: dois ensaios em que Pessoa faz a profecia do supra-Camões, pp. 11-74.]

Sobre Fernando Pessoa

1. Azevedo, João Lúcio de. *A evolução do Sebastianismo*. Lisboa, Livraria Clássica, 1947, 2ª ed. [Discorre sobre a origem e a história do mito sebastianista, segundo uma visão objetiva e imparcial.]
2. Cardoso, Paulo. *Mar português. A mensagem astrológica da* Mensagem. Lisboa, Editorial Estampa, 1990. [Associa os 12 poemas de "Mar português" aos signos do zodíaco.]

3. Costa, Dalila Pereira da. *O esoterismo de Fernando Pessoa*. Porto, Lello & Irmão, 1971. [Analisa principalmente o interesse de Fernando Pessoa pelo espiritismo e pela maçonaria.]
4. Gorceix, Bernard. *A bíblia dos rosacruzes*. São Paulo, O Pensamento, 1977, trad. bras. [Comenta as primeiras obras de Christian Rosenkreuz, fundador da Fraternidade Rosacruz, no séc. XVI.]
5. Lourenço, Eduardo. *Pessoa revisitado. Leitura estruturante do drama em gente*. Porto, Inova, 1973. [Interpreta o processo de criação dos heterônimos, de um ponto de vista filosófico e psicanalítico.]
6. Moisés, Carlos Felipe. *Mensagem: roteiro de leitura*. São Paulo, Ática, 1996. [Versão desenvolvida do roteiro que acompanha a presente edição.]
7. Perrone-Moisés, Leyla. *Fernando Pessoa, aquém do eu, além do outro*. São Paulo, Martins Fontes, 1982. [Examina vários aspectos da poesia pessoana, em especial a questão da identidade do "sujeito".]
8. Rijckenborgh, J. van. *O mistério da vida e da morte*. São Paulo, Lectorium Rosicrucianum, s.d., trad. bras. [Relato sobre a cosmogonia, o destino do homem e o plano universal, na visão rosacruz.]
9. Sena, Jorge de. *Fernando Pessoa & Cia. heterônima*. Lisboa, Edições 70, 1982, 2 v. [Ensaios sobre vários aspectos da obra e da personalidade do poeta, com destaque para os estudos sobre a poesia em língua inglesa.]
10. Severino, Alexandrino Eusébio. *Fernando Pessoa na África do Sul*. Marília, Faculdade de Filosofia, Ciências e Letras, 1969, 2 v. [Estudo biográfico e minuciosa documentação sobre a formação inglesa de Fernando Pessoa.]
11. Silva, Agostinho da. *Um Fernando Pessoa*. Lisboa, Guimarães, 1959. [Analisa, com embasamento filosófico, a visão da história e o sentido messiânico de *Mensagem*.]

12. Simões, João Gaspar. *Vida e obra de Fernando Pessoa. Biografia de uma geração.* Lisboa, Bertrand, 1950, 2 v. [Até hoje o mais exaustivo levantamento biográfico, apesar de criticado por algumas interpretações consideradas distorcidas. Contém ampla documentação.]

ATENDIMENTO AO LEITOR E VENDAS DIRETAS

Você pode adquirir os títulos da BestBolso através do Marketing Direto do Grupo Editorial Record.

- ï Telefone: (21) 2585-2002
  (de segunda a sexta-feira, das 8h30 às 18h)
- ï E-mail: mdireto@record.com.br
- ï Fax: (21) 2585-2010

Entre em contato conosco caso tenha alguma dúvida, precise de informações ou queira se cadastrar para receber nossos informativos de lançamentos e promoções.

Nossos sites:
www.edicoesbestbolso.com.br
www.record.com.br

EDIÇÕES BESTBOLSO

Alguns títulos publicados

1. *Sex and the City*, Candace Bushnell
2. *O diário de Bridget Jones*, Helen Fielding
3. *Baudolino*, Umberto Eco
4. *A casa das sete mulheres*, Leticia Wierchowski
5. *O poderoso chefão*, Mario Puzo
6. *O diário de Anne Frank*, Otto H. Frank e Mirjam Pressler
7. *Educar sem culpa*, Tânia Zagury
8. *Viagem à luta armada*, Carlos Eugênio Paz
9. *Os carbonários*, Alfredo Sirkis
10. *O misterioso caso de Styles*, Agatha Christie
11. *O caso do hotel Bertram*, Agatha Christie
12. *O silêncio dos inocentes*, Thomas Harris
13. *Ramsés – O filho da luz*, Christian Jacq
14. *Ramsés – O templo de milhões de anos*, Christian Jacq
15. *Ramsés – A batalha de Kadesh*, Christian Jacq
16. *Ramsés – A dama de Abu-Simbel*, Christian Jacq
17. *Ramsés – Sob a acácia do Ocidente*, Christian Jacq
18. *O buraco da agulha*, Ken Follett
19. *O príncipe das marés*, Pat Conroy
20. *O grande Gatsby*, F. Scott Fitzgerald
21. *Suave é a noite*, F. Scott Fitzgerald
22. *Toda mulher é meio Leila Diniz*, Mirian Goldenberg
23. *Getúlio*, Juremir Machado da Silva
24. *O primo Basílio*, Eça de Queirós
25. *Exodus*, Leon Uris
26. *O jogo das contas de vidro*, Hermann Hesse
27. *Uma mente brilhante*, Sylvia Nasar
28. *Acima de qualquer suspeita*, Scott Turow
29. *Fim de caso*, Graham Greene
30. *O poder e a glória*, Graham Greene

EDIÇÕES
BestBolso
Este livro foi composto na tipografia Minion, em corpo 10,5/13, e impresso em papel off-set 56g/m² no Sistema Digital Instant Duplex da Divisão Gráfica da Distribuidora Record.

EDIÇÕES BESTBOLSO

Mensagem

Fernando Antônio Nogueira Pessoa (1888-1935) é considerado um dos maiores poetas da língua portuguesa. Pessoa cresceu em Durban, África do Sul, e nos dez anos em que residiu nesse país conseguiu total integração com a língua inglesa. Em Lisboa, dividia seu tempo entre a produção literária e a prestação de serviços como correspondente estrangeiro. Seus primeiros poemas foram impressos no número de estréia da revista *Orpheu*, em 1915. Embora publicasse com freqüência em diversos periódicos, o reconhecimento do talento de Fernando Pessoa limitava-se aos círculos intelectuais. Autor dos heterônimos Álvaro de Campos, Ricardo Reis e Alberto Caeiro e do semi-heterônimo Bernardo Soares, o poeta lançou apenas um livro em língua portuguesa: *Mensagem*. Fernando Pessoa faleceu em Lisboa.